私が決める、
Je décide d'être heureuse
私の幸せ

フランスで見つけた、
小さくて平凡で温かな暮らし

大畑典子

ワニブックス

Introduction

はじめに

「この生活を続けて本当に幸せな未来が待っているのだろうか」
「何か大切なことを見失いかけてはいないだろうか」

東京で建築士としてがむしゃらに働いていた頃は、心にもやもやした気持ちを抱えていました。

そんな中、これからの人生でやりたいこと、目標がぽつぽつと芽生えてきたのです。
そのひとつが「フランスに住む」ことでした。

30歳近くでの新たな挑戦は、手にしている安定を捨て、未知の世界に足を踏み入れるような、底知れぬ不安がありました。周囲からは「せっかく取った建築士の資格があるのに、積み上げてきたキャリアを捨ててもったいない」「結婚、子どもはもう諦めたの？」と言われる中での決断でした。

その決断を後押ししたのは、「一度きりの人生、後悔したくない！」という思いでした。しかし自分で決めたはずなのに、誰も待っていないフランスへ向かう飛行機の中で、不安に押しつぶされそうになったのを覚えています。そしていざフランスでの大学院生活が始まると、さらなる困難が待っていました。何度、涙を流したことか（笑）！　今、当時の自分に伝えたいです。そのチャレンジは間違っていなかった。その時々を誠実に生きれば、未来は明るくつながっていくのだと。

現在、私はフランスのナントという街で、フランス人パートナーと2人の子どもと暮らしています。日本のメディアが描くようなキラキラしたフランス生活ではありませんが、夢見ていた平凡で温かな暮らしを送っています。

フランスに来た当初は、文化や言葉の違いに戸惑い、両国の常識が根本的に異なるため、「こんなこともわからないのか」と、自分より年下の人にバカにされるような経験もしました。

パートナーとの出会い後も、価値観や考え方の違いで何度も衝突しました。しかし、より良い暮らしを目指して相手と真摯に向き合い、ひとつずつ積み上げていけば、自分の幸せは自分で築けるのです。

フランス生活で学んだ大きなことは、「肩の力を抜いて、自分の夢に向かって軽やかに生きていい」ということです。東京での暮らしや仕事も非常にチャレンジングで楽しかったですが、そこには重圧に耐えながら生き急いでいた自分がいました。同じ悩みでも、見方を変えればポジティブにとらえられることを、多国籍の人々との交流を通じて学び、さまざまな角度から物事を考えられるようになりました。

フランスに8年住んで、「人生、平凡が幸せ」という考えに至りました。生活と幸せの本質に気づけるようになったのです。

もちろん、幸せの基準は人それぞれで、正解は人の数だけあると思います。私が自分の答えを見つけられたのは、東京生活のもやもやから抜け出し、異なる価値観に触れる時間を持てたからです。

フランスでは素敵な体験も嫌な体験もたくさんしましたが、フランス人の生活習慣やマインドなど、さまざまなことを学んだ結果が今の自分につながっています。

フランスに来て半年後に突然父を、5年後に姉を亡くしました。人生は予測不可能です。たった一度の人生、年を重ねた時に過ぎ去ったことを後悔するのはもったいない。自分の人生を自分のために生きてみませんか。

子育てや家庭の事情で、やりたいことにチャレンジできない環境もあるでしょう。でも、その中でも必ずできることがあるはずです。今すぐ大きな変化は難しくても、今の環境でできることを少しずつ積み重ねていけば、それは必ず自分の目指す未来につながっていくのです。

肩の力を抜いて、もっと軽やかに、人生をたくさましく生きるためのヒントを一緒に学びましょう!

Contents

PART 1

フランス生活の始まり、そして、感じた日本との違い

PART 2

フランス人パートナーとの関係、そして生活

PART 3

リアルなフランス暮らし

PART 4

子どもも一個人として接する フランスの子育て文化

PART
5

小さな幸せの掴み方

PART 6

フランス生活が教えてくれた自由に生きる勇気

PART 1

フランス生活の始まり、そして、感じた日本との違い

Le début de ma vie en France.
Et les différences que j'ai
ressenties par rapport au Japon.

頭を悩ませたビザ問題

フランスに行くことを決めた私が最初に考えなければならなかったのが、「どうやってフランスに行くか」でした。

外国に住むには何かしらの「ビザ」が必要です。私はまず「どのビザを取るか」というところから検討を始めました。フランスに長期滞在するためのビザはなんと20種類以上ありますが、当時の私が頭を悩ませたのは、学生ビザにするか就労ビザにするかでした。

幸い、建築士としての経験もあり、英語でのコミュニケーションも問題なくできたので、初めはキャリアを優先してフランスにあるインターナショナルな建築設計事務所に片っ端から応募して就労ビザを取得する、ということも考えました。

しかし生活の質を重んじるフランスと言えど、やはり建築士の仕事はハードです。そんな仕事環境の中では、フランスの文化を学んだり、言語を勉強したりする時間は取れそうにないことが容易に想像できました。結局、日本での仕事環境と同じように自宅と職場の往復をして、週末は疲れ切ってしまい家に篭り、平日の仕事のために体を整える、

フランスに来て1カ月目、ヴァンヌにて

という日々がなんとなく想像できました。

せっかくフランスに住んでいるのにフランス語が話せないまま、現地の文化を知らないままでは渡仏した意味が半減してしまいます。第一、もともとフランスに行くことを決めた本来の目的は「フランスにしばらく住んで現地の暮らしぶりを知る」ということ。日本と変わらない環境で仕事に忙殺される日々では意味がないのではないか……。

そんな懸念に加え、日本の一級建築士の資格はフランスでは通用しないため、フランスで正式な建築士として働くにはフランスの大学院を卒業する必要があったのです。「それならば」と、これからの2〜3年は、大人の夏休みのつもりで仕事から一度離れ、学びの期間に充ててみようと考え、「留学」という形の渡仏が浮かんだのです。

フランスの大学院に入れば必然的にフランス語も学ばなくてはいけないし、フランス人とのつながりもできる。人生遠回りになるかもしれないし、フランスの大学院での生活は決して楽ではないかもしれないけれど、長い人生を考えるとそれが私の最善の道に思えました。

こうして、2016年、私はナント建築大学大学院へ応募し、無事合格することができたのです。

ワーキングホリデーという選択肢は？

当時、私は29歳でしたので、海外に住みたいという理由ならワーキングホリデービザでの渡仏も年齢的に可能でしたが、選択肢には入れませんでした。なぜなら、ワーキングホリデービザは滞在が1年に限られ、そして就労も建築設計のような専門的な仕事に就くことは禁止されているからです。

「休暇目的の入国及び滞在期間中における旅行・滞在資金を補うための付随的な就労を認める制度」と外務省のホームページにあるように、ワーキングホリデービザはあくまでも若者が見聞を広げるための長期の旅行、休暇のための制度なのです。

1年を旅行としての期間と割り切って住むにはいいかもしれないですが、やはり語学力だったり、現地の文化だったり、何かを得るには1年という期間は短いように私には思えたのです。

実際にこの感覚は間違っていなくて、私は渡仏してやっと1年経って、なんとなくスタート地点に立てたような気持ちでした。たまにワーキングホリデーの一番の目的を語学学習に置いている方がいますが、個人の意見としては、1年では中途半端な結果になってしまうことが多いと思います。

ワーキングホリデービザはその名の通り、ホリデー気分で1年過ごすなら、それはそれで有意義な1年になるのではないでしょうか。

ちなみに２０２５年２月現在の私は「フランス国籍の子どもを持つ親のためのビザ」という市民ビザのうちのひとつでフランスに滞在しています。第一子が生まれた翌年の２０２０年に学生ビザからこちらの市民ビザに切り替えました。私とパートナーは結婚をしていないので、婚姻ビザの申請ができません。しかし、私たちはＰＡＣＳ《パックス》というフランスの制度で夫婦としてきちんと法的に守られており、私はフランス国籍の子どもの母親としてフランスに滞在する権利があるのです（ＰＡＲＴ２参照）。

住むならパリ？　それとも地方都市？

私はフランスに来てからずっと、ナントという街で暮らしています。ナントは、フランス西部に位置する地方都市で、首都であるパリからはＴＧＶ《テージェーベー》（フランスの高速列車）で２時間とちょっと。日本ではあまり知られていないかもしれませんが、働くのにも住むのにもちょうど良く、さまざまなアートが街の中を彩る大好きな街です。

もともとナントに住むきっかけは、シンプルに、留学先の大学院がナントにあったからです。フランスには22の建築大学が存在していて、主要な都市には建築大学があるので、私は大学の評判よりも、「自分がどの街に住みたいか」という基準で大学を選びました。

まず、最初に興味を持ったのは、やはりパリの大学でした。パリの建築大学に留学した友人に話を聞いてみると、「たくさんの外国人学生がいてとてもインターナショナルな雰囲気なので、フランス語が話せなくても英語で十分やっていけた」とのことでした。これはこれで魅力はあったのですが、「フランスに住むならフランス語をしっかりとマスターしたい」という思いが強く、その友人が語る「インターナショナル過ぎる環境」はその時の私が求めているものではありませんでした。

パリでないなら、どこにするか。

モンペリエやトゥールーズといった南フランスは住む場所としては気候も良く、とても理想的でしたが、ヴァカンス先として人気の街も多く、そこに住んだら自分がだらけてしまうのではという懸念があり……。「住むにも、勉強するにもちょうどいい街はな

地図を見て恋に落ちたナントの街

いかな」とグーグルマップを眺めていたところ、フランス西部のナントが目につきました。ナントの地図をみてびっくり、私はひと目でナントという街に恋をしたのです。

思い起こせば、日本での大学時代に「地図から街を読み解く」という授業がありました。街の地図を見て、道の成り立ちから街の高低差がどうなっているかを考えたり、古くから家々が存在している地区はどこなのかなどを読み解いたりする授業です。その経験が活きたのでしょう。ナントの地図を見た瞬間、「この街は絶対に素敵に違いない！」と思えたのです。

そう思えた最大のポイントはロワール川。ナントはロワール川沿いに街が発展しているのですが、その川辺を中心に街が賑やかに輝いている情景が目に浮かんだのです。この時点でまだ一度もナントを訪れたこともなければ、知識も多くはありませんでしたが、自分の直感を信じてナントに行くことを決めたのです。

こうして私のナントでの大学院生生活が始まったのですが、結果的に、これからフランス留学を考えている人にアドバイスをするなら、「留学するなら断然、地方都市（中でもナント）がおすすめ！」ということです。

街としてある程度の規模があるので住みやすいし、何よりパリに比べて家賃が安いのが魅力です。ちなみにナントの家賃はパリの3分の2から半分くらいでしょうか。ナントよりも規模の小さい都市なら、さらに家賃は安いです。収入があまり見込めない留学生にとって、家賃をできるだけ抑えることはとても重要です。

学生なら学生寮に入ればパリでもいいじゃないかという意見もありますが、パリはフランス人学生はもちろん、世界中から来る留学生も多いので学生寮に入るのはなかなか難しく、ほとんどの学生は自力で安いアパートやコロカシオン（シェアアパート）を探しているのが現状です。留学生は年間964時間（フルタイムの60%）の範囲内での労働（つまりアルバイト）が認められているものの、やはり学業に専念したいところです。

働くなら、外国人である視点を活かせるパリ

外国人がフランスで働くなら、やはりパリが働く環境という意味で最も整っています。事実、私も大学院を卒業したら、家族でパリ近郊に引っ越し、インターナショナルな建築設計事務所へ就職する予定を立てていました（コロナ禍によってその計画は却下になりましたが……）。

もちろん、ナントにも建築設計事務所はありますが、やはりローカルな仕事がほとんどになります。つまり、クライアントは地元のフランス人で計画地もナント近郊、設計士もフランス人。そこで活躍するには、フランス人として当たり前の知識、振る舞いが求められます。私は30歳近くで渡仏したのでフランス人として完璧に振る舞うには限界

があります。つまり、外国人であることの意義が地方ではなかなか活かしづらいのです。

一方、パリには外国人が多く働くインターナショナルな設計事務所があり、国内外のプロジェクトを扱っているので、フランス人とは違う、外国人としての視点を活かすことができます。

また、大都市は外国人が比較的多く住んでいるので、自分の国のコミュニティーに参加したり、仲間ができやすかったり、という利点もあります。やはり、外国に住むと孤独で潰れてしまいそうになることもあるので、そんな時に同郷の、気持ちのわかる人が近くにいると、かなり救われるのはあるだろうなと思います。


ということで、パリにも地方都市にもそれぞれのメリット・デメリットがありますが、私は最初に選んだ街がナントで良かったなと今、振り返って実感しています。渡仏の目的にもよりますが、これから海外移住を計画されている方は、まずは大都市で生活を始めて、その国に慣れたら住みやすい地方に引っ越し、というプランもおすすめです。

日本とは違う「優しさ」の形

こうしてスタートしたフランスでの留学生活でしたが、最初から順風満帆だったわけではありません。初めの1~2年はフランス文化に溶け込めず、たくさん苦労をしました。当たり前ですが、日本人とフランス人の常識は違うので、まずはその「違い」を知り、慣れるまでに時間がかかったのです。

フランスに来た当初は言語の壁やジェネレーションギャップもあり、フランス人のグループにうまく馴染めずにいました。学校に留学生がいてクラスに馴染めずにいたとしたら、日本では少なくとも誰かが気にかけて助けてくれそうなものですが、フランスではそういったことはあまりなく、フランス語がまだ十分に習得できていなかった私にとっては大変つらい時期でした。

しかし、幸いなことに、私は英語がある程度話せたので、授業でわからないことがあったら、英語が話せるフランス人を見つけてその都度聞くようになりました。そこで気づいたのは、フランスでは「誰かが助けてくれるのをただひたすら待っているのではなくて、自分から行動を起こせばそのアクションに反応してくれる人がいる、助けてくれる」ということでした。ぽつんとあぶれた人を、イジワルな気持ちから放置しているのではなく、必要ならば自ら声を出して助けを求める、ということが常識なのだと学びました。

一方、日本はどうでしょうか。

日本語には「思いやり」という言葉がありますが、それは「相手の立場で考えること」であり、私たち日本人はこの「思いやり」を持って、相手のために行動を起こすことが美徳とされています。例えば、集団生活の中でそのグループに馴染めない人がいたとすると、それに気づいた人が積極的に声をかけ、グループに馴染めるように働きかけることがあります。

つまり、「優しさ」についても、両国には大きな違いがあるのです。

フランスに住んで感じるのは、「今、生活に困っている人への支援がとても身近にある」ということ。日常的にボランティア活動を目にすることが多く、スーパーマーケットに行くと、レジの脇でボランティア団体が、生活が困難な人のために食料品の寄付を募っていることがあります。

この団体を見かけると、多くの人が余分に缶詰などの食料を買い、寄付しています。私のパートナーもこのボランティア団体を見かける度に、何かしら余分に買い物をして寄付しています。彼の両親が日頃からボランティア活動や恵まれない家庭への寄付活動をしているので、それを見て育った彼にとってボランティア活動は日常的なのです。

周りの友人や家族にもこうした活動をしている人は多いですし、何より、今、目の前で困っている人を助けようという精神をフランス人から感じることが多い気がします。例えば、今、まさに路頭に迷い、生活に困っている人がいて、その原因が過去の浪費などの利己的なものだったとしても、過去の過ちは非難せず、「今」困っているのなら助けよう、という精神が根付いているのです。

そして、このフランス人の優しさはルールを超えて発揮されることもしばしば。

今目の前に困っている人がいて、日本だと「ルールなので」の一言で片付けられそうな時でも、フランスでは個人の判断でルールを乗り越えて手を差し伸べてくれることが度々あるのです。

例えば私は大学院時代、ギックリ腰になり試験に間に合わなかったことがあるのですが（笑）、事情を学生課に相談したら後日追試を受けさせてくれたのです！　またつい先日は、子どもを乗せたパートナーの自転車が街中でパンクしてしまったのですが、たまたま通りかかったバスの運転手に事情を話したら「もちろん、喜んで乗せますよ」と言って、本来自転車の乗り入れができないバスで運んでもらったそうです。

厳密なルールの上で皆が節度を保ち調和を図ることが大切な日本、多少ゆるさのある規則の中でフレキシブルに動くフランス、そんな違いを感じながら日々過ごしています。

日本とフランスの「食」の違い

もうひとつ、意外な「違い」が私を悩ませました。それは「フランスの食生活」です。日本人が思い浮かべるフランス料理といえば、彩り豊かで芸術的な盛り付けの料理を思い描く人が多いかと思います。実際に高級レストランでは、アペリティフから始まり、前菜、メイン料理、チーズ、デザートがフランス料理のフルコースですが、フランス人は毎日そのような料理を食べているわけではありません。普段の家での食事は意外にも質素なのです。

しかし、質素な食生活でもフランスの料理は日本食と違った大きな特徴があります。日本食は油分が少なく、そして塩分の多い料理が特徴ですが、フランス料理は塩分が少なく、そして動物性脂肪分がとても多いのです。

例えば、スープとパンだけの簡単な夕食でも、まず、スープには多くの場合、生クリームが入っています。そして、スープを食べ終えたあとにチーズが必ず食卓に出ます。どの家庭でも数種類のチーズが必ず冷蔵庫に常備されているのです。日本では多くの一般家庭に漬物が常備されているのと近い感覚ですね。そして、パンにはバターをつけて食べ、食後のデザートにはヨーグルト、といった具合に、フランス人はほぼ毎日、バター、生クリーム、チーズといった大量の乳製品を摂取しているのです。

私は29歳まで日本で生活していて、その後フランスに渡りました。そんな日本仕様の私の胃腸がこの重たいフランスの食文化に馴染めるわけもなく……。もっと若い頃からフランスの食事に慣れ親しんでいたら結果は違ったのかもしれませんが、30歳近くなってからの大きな食生活の変化に、私の体は適応できなかったのです。

そこで、食生活を改めるようになりました。それまではせっかくフランスに来たのだからと、アジア食品店やレストランにも行かず、できるだけ現地のものを食べるようにしていましたが、思い切ってフランス料理を中心とした食生活をやめ、食べ慣れていた和食中心の食事に徐々にシフトさせていったのです。体を作り、エネルギーになるのは日々の食事なので、そこで無理するのはやめようと決めたのです。

その結果、自然と自炊中心の生活になっていきました。それもフランスに来て大きく変化したことのひとつと言えます。フランスでは日本のように安くて便利な外食があまりないのと、フランスのスーパーで買える出来合いのものはあまり自分の口に合わない上に高いので、自炊中心の生活のほうがストレスも少ないのです。結果として、日本にいた時と比べたら日々摂取している化学調味料、添加物は格段に少なくなりました。そのような生活を数年送って日本に一時帰国をした際、日本の友人には「なんだか元気になったね」と口々に言われました。これは日々の食生活のおかげだと思ってい

豪快な料理が多いフランス料理

ます。

ちなみに、私が住むナントでは、おいしいキムチや納豆は簡単に手に入らないので、作れるものは自宅で手作りしています。キムチを手作りするなんて、日本にいた時は考えたこともありませんでしたが、簡単に日本の食材が手に入らない分、丁寧な和食生活を送るようになりました。

生活水準は下げても、気持ちはみじめにならなかった

フランスに「留学」という形でやってきた私。それまでは日本の建築設計事務所で働いていて、忙しさゆえにお金を使う時間そのものがあまりなかったのですが、外食がとても多い日々でした。心の余裕があまりない生活だったので「節約」にまで意識を向けて暮らすことはできませんでした。事実、その当時の私の生活費は、外食費に飲み代などの交際費、さらには化粧品、被服代などの美容費などもあり、ナントで生活をする今の私の生活費よりもかかっていました。

1年住んだ学生寮

でも、フランスに留学するとなると、そもそも収入が途絶えるので、まずはどうやりくりしていくかを考えなくてはなりません。社会人として自立して働いていて、しかも副業もしていて、生活水準がある程度上がっていた私がフランスで生活水準を下げた暮らしを続けていけるのか、正直不安な面もありました。しかし、その心配はまったくの杞憂に終わりました。

まず、私の中で最も効果的だったなと思うのは、住むスペースを小さくするということ。フランスに留学して最初に住んだのがナントの学生寮。そこがとにかく狭くて、ワンルームに小さなキッチンが付いていて、シャワーと洗面台があり、広さで言うと15平米もいかないくらいの部屋でした。

部屋がミニマムになると、ものを置けないから買わなくなる。自分の生活に合ってない広過ぎる部屋に住むと、管理も大変な上、余計なものを置いてしまうし、そうなるとものが増えて家の中をきれいに保つのも難しくなります。ですので、自分の生活に合った住み良いサイズの家を見つけるというのはすごく大切でした。


そして、二番目に、基礎化粧品を見直しました。もともと、日本にいる時は、化粧水1本でも3000~4000円するものを使っていたのですが、フランスに移ってから現地の薬局で買えるふき取り化粧水やクリームを使うようになりました。値段も半分くらいです。日本にいた時はシャンプーにもちょっとこだわって少し値段の高いものを使っていましたが、それもフランスではスーパーで売られている安いものに変えました。

そして、最後に交際費。そもそも日本のように飲み会が頻繁にあるわけでもない上、無駄な付き合いをしなくなったことで、日本にいた頃よりかなり減りました。普段の食事もほぼ自炊で外食はしなかったので、食費も結構抑えられました。

フランスの薬局で買える基礎化粧品

「一度上がった生活水準を下げるのは難しい」と世の中ではよく言われますが、私にとってはまったく苦ではありませんでした。生活水準が下がり、狭い部屋に住んでいる自分のことを「みじめだな」と思ったことは一度もないし、そもそも大学院留学という目的で来ていたこともあり、忙しくてそんなことを考える暇もなかったのです。

「美白」という概念はフランスにはない

日本とフランスでは「美の概念」に関しても違いがあるように思います。日本では近年「色白＝美しい」という概念が定着しつつありますが、フランスでは一般的には適度に日に焼けた肌が好まれます。というのも「日に焼けた肌＝夏のヴァカンスを満喫した」ということになるので、ヴァカンス文化が根付いているフランスでは真っ白な肌というのは日本のように美の象徴にはならないのです。むしろ白過ぎると不健康と考えられてしまうほどです。

日本ではいかに日焼けをしないかが女性たちの間では重要ですが、フランスでは太陽のもとでどう人生を充実させるか、に重きを置いているような気がしています。シミやそばかすなど表面的なことは気にせず、今その瞬間を楽しめているかどうかが重要なのです。

私も夏には2〜3週間のヴァカンスに出かけ、たくさん海で泳いだり、山を歩いたりして楽しんでいます。もちろん肌のシミはできやすくなりますが、この太陽のもとで自然を楽しむ夏のヴァカンスは、体の奥底からエネルギーを生み出し、内面からの美を作り出してくれます。

しかし、子どもへの太陽光からの保護は別です。太陽光に繊細な子どもたちは2歳になる前までは過度な太陽光を浴びないように配慮している家庭が多いです。プールや海に出かけると多くの幼児や赤ちゃんは長袖やハーフパンツタイプの水着を着て水遊びを楽しみます。

太陽の下で思いっきり楽しむバカンス

近年では太陽光の浴び過ぎによる皮膚がんの懸念もあり、昔ほど太陽のもとで肌を長時間さらすことはしないと言われています。一世代前だと、肌が真っ赤になるまで日焼けを楽しむ人も多かったそうですが、ここ最近はやはり外でのアクティビティーの時はしっかり日焼け止め、もしくはサンオイルを塗って、ほんのり小麦色を目指す人が多い印象です。

気分を沈ませる冬の日照時間

基本的には快適なフランス生活ですが、日本からの移住で大変なことのひとつは、冬の日照時間の短さです。

フランスでは「On va profiter du soleil.（オン・ヴァ・プロフィテ・ドゥ・ソレイユ）」というフレーズをよく使います。日本語に訳すと「太陽を楽しもう」となりますが、晴れ間の少ない冬場は、日中に日が差し始めるとこのフレーズを言いながら多くのフランス人が散歩やサイクリングを楽しみます。太陽の存在が貴重な冬は、少しでも雲の間から太陽が顔を覗かせると、こぞって外に出かけるのです。

日本の関東圏で生まれ育った私にとって、太陽の光は常に身近にありました。また、冬は寒くても晴れの日が多かったので、実際にフランスに住み始めて、フランスの冬の太陽事情に悩まされることになるとは思いもしませんでした。

日本では冬でも朝起きたら太陽光を浴びるという生活が当たり前だったので、朝9時近くになってやっと太陽が昇るフランスの冬の朝は本当につらいです。平日は7時過ぎ

12月のナントの朝空、朝9時でやっとこの明るさ

に起きてそれから朝ごはんを食べるのですが、その時点ではまだ外は真っ暗。まるで真夜中にごはんを食べているようで、体が起きた感じがしません。それに、そもそも冬は晴れの日も少ないので、日中に太陽光をたくさん浴びることもできません。そんな日が続くと気分が沈んでいってしまうのです。

だからこそ、太陽が顔を覗かせた途端、フランス人は皆、外へ出かけるのです。私も経験してみてそんなフランス人の気持ちがよくわかるようになりました。

フランスの街中のカフェやレストランを観察してみると、テラス席が多いことに驚くことでしょう！　フランス人はテラス席でくつろぐのが大好きです。天気の良い春先から秋口にかけては私もよくテラス席を利用しますが、中には冬の寒空の下、テラス席で冷たいビールを飲むフランス人もたまに見かけます。実は、店内で食事をするよりもテラス席のほうがフランスでは人気で、テラス席で食事を楽しみたいのなら事前に予約を取らないといけないレストランも多いのです。

冬の訪れとともにやってきた季節外れの「五月病」

日本とは生活習慣がだいぶ違うフランスでの生活。食生活や人の気質の違いなどに馴染むにはそれなりに時間がかかるもので、渡仏後はがむしゃらに立ち向かっていきました。

そして、そんな私に「五月病」はやってきたのです。

日本での年度の始まりは4月（フランスでは9月）なので、新しい学校や会社に慣れてきた5月頃に鬱のような症状が出ることを「五月病」と言いますが、私は渡仏して5カ月後の冬に、季節外れの「五月病」になってしまいました。

海外留学の「五月病」の場合、だいたい半年後ぐらいにやってくるパターンが一番多いのではないかなと思っています。私の場合、留学して半年から1年ぐらいの時期が一番つらく、その時の記憶があまりないほどです。とにかく懸命に毎日を送っていたわけですが、ただただつらかったことを覚えています。

留学して、半年ぐらいは外国生活というまったく違う環境に、旅行で味わうような高揚感や新しいことにチャレンジする意気込みでなんとか頑張れていたものの、フランスに来て最初の冬、12月頃になり、精神的な不安を徐々に感じるようになったのです。

孤独に過ごしたフランス大学院時代

12月後半になると、フランスではクリスマス休暇で2週間ほど休みになります。フランス人の学生たちは実家に帰省することが多いのですが、外国から来ている留学生たちは帰るところがないため学生寮に残って過ごします。

休暇といえども、私は休みを取っている時間はありませんでした。それは、クリスマス休暇明けに試験が待ち構えているからです。フランスに来て1年目なのでフランス語もまだまだ勉強中。フランス人なら5分で読み終わるような資料を私は辞書を引きながら3時間ぐらいかけて読み、そしてフランス人なら数時間で終わる作業を、私は3日間ぐらいかけてレポートを作ったり、ひたすら試験に向けて準備をしていました。

この、誰とも関わりのないクリスマス休暇で徐々に心が不安定になってきて、そこに追い打ちをかけるように先にも述べた「日照時間」の問題が直撃しました。日本と比べて日照時間が短く、それがタイミング的にも精神的にこたえました。太陽がこんなにも気持ちを左右するなんて、フランスに来るまでは気づきもしませんでした。

旅行で過ごす程度の期間の滞在だったら耐えられるかもしれませんが、これが何カ月も続くと徐々に気持ちが落ち込んでいくのです。新しい海外生活での精神的な疲れと、この日照時間の問題が相まって、フランスの留学1年目の半年〜1年くらいはとてもつらかったのを、昨日のことのように覚えています。

もうひとつ、その頃、無理をしていたなと思うのが人間関係です。フランスの大学院生はそのほとんどが学部からストレートに上がってくる人たちなので、年齢は20歳前後。29歳で留学した私は、彼らとのジェネレーションギャップにも悩まされました。周りの学生たちはみんな若くて、若者独特のノリなどもあり、配慮に欠けた発言をしてくる人もいました。私はそのノリに付いていけず、それでも「せっかくフランスに来たのだからたくさんのことを吸収しなくちゃ」と自分を奮い立たせて、居心地の悪さを感じながらもいろんな人とランチに行ったり、頑張って彼らとの生活に馴染もうと必死だったのです。

父の死をきっかけに学んだ「手放す」ことの重要性

そんな日々を続けながら、フランスに来て半年が過ぎた頃のことでした。

ある日、突然日本の家族から電話がありました。それは父が急死したとの連絡でした。まだ62歳でした。正直、とても信じられない気持ちのまま急いで日本へ帰り、父の葬儀や事務処理に追われ、日本にいる間はとても悲しむ暇もありませんでした。

でも諸々の法的な手続きがあらかた終わり、フランスでの日常生活に戻った途端、突然の喪失感、今までとは比較にならないほどの精神的な落ち込みに襲われたのです。それまでの海外生活で積もりに積もったストレスが、父の死をきっかけに爆発したようでした。

突然、涙が出ては「なぜ自分は大切な家族と離れてフランス生活を送っているのだろう、家族に何かあってもすぐに駆けつけられないこの遠い土地で生活を続ける意義はどこにあるのだろう、今、していることに何の意味があるのだろう」と虚無感に苦しめられていました。

それまでは、フランスに早く馴染めるように居心地が悪くても無理をして現地の学生とできるだけ一緒に過ごすような生活をしていましたが、父の死をきっかけに吹っ切れたのです。「なぜ私は、自分のことをリスペクトしてくれない人と仲良くする努力をしているんだろう」と疑問を持つようになり、「どうでもいい人に自分のことをどう思われても構わない」と思えるほどたくましくなりました。

自分に心地よくない、この人間関係を手放すことに決めたのです。仲良くなる人は自然に仲良くなるし、無理をしたり、自分の気持ちに蓋をしたりしてまで限られた時間を一緒に過ごす必要なんてないんじゃないかと思うことができたのです。

このフランス1年目の冬は、私の人生にとって大変つらい時期でしたが、無理することを手放す大切さ、そして心が元気になる食生活の大切さを気づかせてくれたのです。食習慣を整え、無理をしていた人間関係を手放し始めると、不思議なことに、今まで感じていた不安感が徐々になくなっていくことに気づいたのです。心と体はつながっているとはよく言ったものですね。

ただし、この「無理することをやめる」は、自分の未来に向かっての成長をやめるということではありません。明るい未来に向かって頑張れるものはコツコツとひたむきに努力したほうが良いこともあるでしょう。でも、頑張り過ぎて自分の心や体を壊してしまったら本末転倒。だからその境目を作るということが大事だと思っています。

私の場合、その時に無理をしていたことは、大きく言えば「フランスへの憧れ」みたいなものだったのかもしれません。無理にフランスの食生活に順応しようとしたり、無理して話も合わないフランス人との関係を築こうとしたり……。でも、「自分自身にも、フランスにも、変な期待をするのやめよう」と思えた時、フランスでの生活がとても楽になったんです。

一方で、「引き続き頑張ろう」と思えたのは、もちろんその時の大学院での勉強もですが、フランス語の勉強でした。やっぱり自分の未来のために頑張りたいと思い、フランス語の勉強は今でも時々語学スクールに通って続けているほどです。

もちろん頑張るものは頑張るけれど、そう頑張らなくてもいいやと思えるものもあるわけで、その境目を自分の中で作ってあげることで、遅れて来た五月病の鬱々したつらい時期を乗り越えることができたのかなと思います。

この本を読んでくれている方の中で、今、外国で暮らしていて、無理をしている方がいるかもしれません。「もう無理」と思うのならば、一度、帰国することだってありだと思います。フランスで出会った私の友人でも体調を崩して一時期、日本に帰った人もいます。心や体を壊す前に行動を起こしたほうがきっといいのではないでしょうか。心を壊し続けてまで頑張ることはないと私は思います。

PART 2

フランス人パートナーとの関係、そして生活

La relation avec mon compagnon français,
et la vie en France.

大学院在学中に判明した妊娠

現在、私はフランス人のパートナーと、彼との間にもうけた2人の子どもと暮らしています。フランスでは「婚姻ビザ」や今現在私が所持している「フランス国籍の子どもを持つ親のためのビザ」のような市民ビザを取得してから3年以上が経って初めて、10年の滞在許可証の申請ができるようになります。

私は学生ビザ1年→学生ビザ2年→市民ビザ1年→市民ビザ2年という行程を経て、2023年6月にようやく10年の滞在許可証を取得することができました。

彼との出会いはフランスに渡って1年ほどが経った2017年、ようやくフランス生活に馴染んできた頃でした。彼はナントを拠点に仕事をしていて、私の友人が開いたホームパーティーで出会ったのです。

徐々に2人で出かけるようになっていったのですが、その過程でフランスに来て初めて、安心した気持ちでいる自分に気づきました。それまでのフランス生活は単身でフランスに来たこともあって、孤独で先の見えない不安に怯える毎日。それが、彼の温かさ

第一子妊娠中は必死に卒業論文を書いていました

に触れ、やっとフランス生活を心から楽しめるようになったのです。

ちなみに、彼との初めてのデートは公園でただ一緒に過ごしただけでした。私は自宅から板チョコレートと手作りホットワインを水筒に入れて持って行き、2人でちびちび飲みながらいろいろな話をしたのでした。

私は肩を並べて川辺を散歩したり、一緒にスポーツをしたり、そんな時間の過ごし方が好きなので、彼とのそんなほのぼのとしたデートがとても心地よかったのです。

そして2019年に私は第一子

を出産しました。大学院在学中の妊娠・出産だったので、新生児を横に寝かせて卒業論文を書いたり、半年間休学して息子が幼いうちに大学に復帰したりと、なかなか大変でした。

妊娠がわかり、出産・育児のために大学院を半年休学することにしたのですが、それにより卒業論文を提出するタイミングを当初予定していた時期よりも半年ずらすことになりました。ですので、その旨を担当教授に報告したのですが、その反応はちょっと意外なものでした。

大学院修了式の日、大学の前にてワインで乾杯

日本だと在学中の予想外の妊娠は素直に喜ばれることは少ないかと思いますが、実際に私が報告した大学の関係者たちはまったく冷たい反応ではなかったのです。むしろ、新しい命を宿したことを皆素直に「おめでとう！」と喜んでくれたのです。

学業ももちろん大切だけれども、人生にとって何が大切なことなのか。その優先順位の付け方は日本とは違うのかもしれないと感じた瞬間でした。

「PACS」は形に縛られない新しいフランス流の愛の形

さて、そんな私たちですが、日本で言うところの「結婚」はしていません。その代わりに「PACS《パックス》」というフランスのパートナーシップ制度により、法律的に夫婦と認められています。PACSとは「Pacte Civil de Solidarité」の略で、日本語では「連帯市民協約」と訳されます。

PACSが施行されたのは1999年、もともとは同性カップルのためのものでした。同性カップルであっても、税金の控除や共有財産の構築といった結婚した夫婦と同等の社会的恩恵が受けられるように「性別に関係なく、成年に達した2人の個人の間で、安定した持続的共同生活を営むために交わされる契約」として誕生したのです。ちなみに、フランスで同性婚が認められたのは、2013年です。

当初、同性カップルを考慮して制定されたPACSですが、手続きが婚姻手続きに比

PACSをした日のお祝い

べて簡単なことと、子どもを持つための手続きや、共同での不動産購入など、社会生活を送る上でも婚姻関係とさほど変わりないことから、異性カップルであっても選択する人が増えてきました。

ちなみにフランス統計局のデータによると、2022年の婚姻届出数23万7000に対し、PACSの届出は19万2000です。この数字から見てもわかるようにPACSは新しい夫婦、家族の在り方として結婚と同様に社会に受け入れられているのです。

一方、日本には、結婚するかしないか、の二択しかなく、婚姻関係ではないこのPACS制度は事実婚のようなものと説明されることがしばしばあります。私も説明する時間がない時は簡単に、「フランスの新しい夫婦の形で事実婚のようなもの」と説明することもありますが、実際は前述のようにしっかりと法的に夫婦として守られています。ですので、日本でいう事実婚とはまた違うのです。

私が発信しているYouTubeなどで、私とパートナーとのPACSの関係について「相手が関係を真剣に考えているなら結婚しているはずだ」などというコメントを頂くことがありますが、私個人としては婚姻関係でもPACSでもどちらでも構わないのです。「結婚か、PACSか」で発生する違いとしては、相続の際にPACSでは生前に遺言状に残しておかないと資産が相手へと引き継がれないことくらいですが、私としては自分の資産は自分で築いていきたいので、その点に関しては問題ありません。

一緒に過ごした時間が家族の証明

パートナーが誠実で家族への愛に溢れている人だと今は知っているので、PACSだから軽く見られている、というような不信感は全くありません。形は日本でいう事実婚かもしれないですが、彼が何よりも家族を大事に思っているのは十分に伝わっているので、結婚かPACSかは私たちにはあまり関係はないのです。

フランスでは、子どもをつくるタイミング、家を買うタイミングでPACSの届出をし、子どもが成人してまた夫婦2人の生活に戻り、もう死ぬまで一緒にいるよね、というタイミングで籍を入れるカップルもいます。結婚かPACSかは本当に形式だけの話で、夫婦として、家族としてどう実生活を送っているかのほうが重要なのです。

日本は告白文化というものがありますよね。「好きです、付き合ってください」というフレーズから始まり、それにOKを出したら晴れて恋人となる。まだ中身はゼロであっても、もう恋人なのです。この感覚はフランスとはだいぶ違います。

フランスでは、相手とデートを重ねて徐々に関係を深めて、ある程度一緒に時間を過ごす中で、お互いが恋人同士、という認識が生まれます。中身が伴って初めて形になるのです。

結婚に対する価値観も違います。日本はフランスよりも「結婚をすること」ことが何よりも重要視されているのだと思います。日本では家族の縁を切る時に「籍を抜く」という行為をします。つまり「同じ戸籍に入っていれば家族」という認識です。しかしフランス人の感覚では、籍が入っていてもそうでなくても、一緒に過ごした時間が家族の証明で、形はそれほど重要ではないのです。

ともに過ごす時間を楽しんでいます

PACSを結んだ私とパートナーは、日本の法律に当てはめてしまえば、きちんとした家族の形ではないかもしれませんが、一緒に過ごした時間、相手との信頼関係、それは「家族」以外の何者でもないと思っています。

フランスに住んでいる以上は、私たちの

関係は今のところPACSでなんら問題ないのですが、日本で暮らすとなると、やや難しいのが現状です。

日本の戸籍制度の枠組みの中においては、PACSをしている私とパートナーは結婚していないことになっているので、日本では私はシングルマザー扱いになり、パートナーが子どもを認知しているというような書類上の登録になってしまうのです。

日本の法律の下では、彼が子どもの父親であっても認知レベルで、親権は私のみが持つという状態。そうなると、パートナーが日本に滞在するビザを取得するのは、家族という理由では難しくなってしまいます。

実は、コロナ禍が始まる前に「そろそろ結婚をしようか」という話が出ていました。しかしコロナ禍になり、自由に外出することさえ厳しいロックダウンが始まり、結婚式を挙げられる状況ではなくなったので「まあ急いでいないし、とりあえずこのままでいいか」と、現状維持の道を選びました。

そのままその話は流れて、今も不自由を感じていないのでPACSの状態のままになっています。ですから今後、もし私たち家族が日本で暮らすことになったら、その時はおそらく「結婚」をした形になるのではないかなと思っています。

「ジュテーム」と軽々しく言わないフランス人

フランスではカップル同士の呼び名にたくさんの種類があります。定番なのは「Mon《モン》 chéri《シェリ》 / Ma《マ》 chérie《シェリ》（私の愛しい人）」「Mon《モン》 cœur《キュール》（私の心）」「Mon《モン》 chou《シュー》（私のシュークリームちゃん）」「Mon《モン》 chat《シャ》（私の猫ちゃん）」などがあります。日本語にすると少し恥ずかしいような呼び名ですが、フランスではどのカップルも何かしらの愛称で呼び合っている人が多いです。

私はパートナーからはここ数年は「Ma chérie」と呼ばれることがほとんどですが、付き合い始めた当初、私は泳ぎが得意でスイスイと泳ぐので「Mon《モン》 petit《プチ》 poisson《ポワソン》（僕の小さな魚ちゃん）」と呼ばれていたこともありました（笑）。

日本人にはなかなかハードルの高い愛称ですが、さすがアムールの国、家でも、レストランでも、電車の中でも、その愛称でお互いを呼び合います。

この愛称は親が子どもを呼ぶ時にも適用されます。これは家庭によってさまざまな呼び名があるようですが、パートナーは「Mon《モン》 petit《プチ》 chat《シャ》（私の小さな猫ちゃん）」「Mon《モン》 petit《プチ》 loup《ル》（私の小さなオオカミちゃん）」「Ma《マ》 patate《パタットゥ》（私のじゃがいもちゃん）」と子どもを呼ぶことが多いです。どうしてそう呼ぶのか一度聞いたことがありますが、特に理由はなく、彼の子どもへの愛情がそういった表現につながるようです。

日本の「好き」に当たる言葉は、付き合いの浅い期間ではあまり言うことのないフランス人ですが、「かわいい」「きれい」「かっこいい」という相手を褒める言葉はいつでも言い合います。パートナーは私が少しでもおめかしをすると「きれいだね」と今でもたくさん褒めてくれるので、自分も綺麗でいたいとモチベーションが上がります。

また、アムールの国フランスでは、カップル同士はいつでも愛をささやき合っているイメージですが、実際に住んでみて驚いたことがあります。「Je《ジュ》 t'aime《テーム》（愛してる）」というフレーズはフランス人にとって非常に重い言葉で、付き合いの

時間があれば子どもと触れ合うパートナー

浅いカップルではほとんど使われないのです。日本人のカップルの始まりが愛の告白から入るのに対して、フランスではこの愛の告白は、体の関係を持つよりも、そして同棲をすることよりも慎重に言われるべき言葉なのです。

日本ではあまり考えられませんが、フランスではまず友達以上の関係になったら、体の関係があり、次に同棲、そして最後に愛の告白「ジュテーム」と言い合う関係になるのです。フランス人にとって愛とは、時間の経過とともにだんだんとすり減っていくものではなく、一緒に過ごす時間とともにだんだんと深まっていくようです。

ですから、知り合いの中には付き合って1年ほどのカップルで、すでに同棲はしているけれどもまだ「ジュ テームと言われたことがない」という人もいます。ちなみに私は付き合って、9カ月経って初めてこの愛の告白を言われたので、日本との違いに驚く方も多いのではないでしょうか。

付き合いたてのカップルがささやき合うのは、先ほど挙げたさまざまな愛称です。「ジュテーム」とは言わないけれど、「私の猫ちゃん」とは言えるというのがフランス人のユニークなところなのかもしれませんね。

フランスには「愛妻家」という言葉もありません。フランスでは愛のなくなった夫婦は速やかに離婚することがほとんどなので、夫婦でいるということは「愛のある関係が保てている」ということを意味しています。

日本では愛がなくなっても、「情があるから」「世間体のために」「子どもの養育のために」夫婦関係を継続する、いわゆる仮面夫婦も一定数いますが、フランスでは中身のない関係を続けたいと思う人はあまりいません。

ですから、この「愛妻家」という言葉はフランス人にはとても不自然で、愛しているからこそ「夫」「妻」という関係になるのではないのか、という考えが自然のようです。

いくつになっても夫婦の寝室は一緒

フランス人を間近に見て感じることは、子どもがいる多くの家庭で夫婦が、「父と母」というよりも、いつまでも「恋人」のような関係を保っていることです。

例えば、公園を散歩していると家族連れをよく見かけるのですが、まず夫婦が手をつ

夜寝る前に子どもたちの話を夫婦でするのが日課

ないでいて、子どもは両親の隣を歩いています。日本では、家族で手をつなぐというと、両親の間に子どもが入っていて手を繋いでいるという光景がよく見られると思いますが、フランスではまず夫婦で手をつないで、それから子どもは父親か母親のどちらかと手をつなぐというパターンをよく見かけます。

つまり、家族の在り方として「子どもありき」というよりも「夫婦ありき」といった考えがフランスでは主流なのです。日本には「子は鎹《かすがい》」という言葉がありますが、フランスでは夫婦関係がうまくいかなければ子どもがいても婚姻関係を解消するのがスタンダード。夫婦関係がうまくいっていなくても子どもがいるから我慢をするのではなく、仲の良い夫婦関係、生き生きとした親の姿を見せることがフランス流の子育てでもあります。

そんなフランス人夫婦はもちろん寝室も一緒。日仏カップルで寝室は別、という夫婦は聞いたことがありますが、フランス人同士で寝室を別にしている人はほとんど聞いたことがありません。

愛がなくなったらすぐ関係終了

フランスにおける「愛」について、始まりだけでなく、終わりについても触れておきましょう。

2020年のフランス国立統計経済研究所データ（INSEE）によると、フランスの離婚率は約45%で、結婚したカップルの約半数が離婚に至るようです。これは日本の離婚率約35%（2019年、厚生労働省データより）と比べると、だいぶ高いことがわかります。

どうしてこんなにも離婚率が高いのでしょうか。

先ほど「愛妻家という言葉がない」という部分でも少し書きましたが、まず前提として日本人と大きく違うのは「フランス人は自分の気持ちにとても正直に生きている」ということです。フランス人は良くも悪くもとっても正直なので、結婚生活に愛がないと感じたら無理に続けず、「この結婚生活を続けられないからもう終わりにしよう」とスパッと関係を終わらせる人が多い印象です。

つまり、「好き」「嫌い」という気持ちは隠さず正直に相手に伝える国民性とも言えます。周りからどう思われるかと体裁を守るよりも「今、自分が幸せに感じているかどうか」を基準に決断しているのです。ですので、子どもが幼くても夫婦関係が壊れてしまった時は速やかに離婚します。

一方、日本では時間の経過とともに夫婦関係がうまくいかなくなってしまった時、世間体を優先して、自分の感情を押し殺し夫婦生活を継続される方が一定数いるように思います。

また、家庭とは別に恋人がいても、結婚生活を維持していたい人もいるでしょう。「不倫は遊び」と割り切っている人もいれば、他に好きな人ができても子どものことがあるから婚姻関係を続けている人もいるのではないでしょうか。

フランスではこの形は滅多に見ません。ごく稀にいますが、日本と比べたら圧倒的に少ないです。フランス人にとっては「今、自分が幸せかどうか」が重要なので、愛のない人との生活は耐えられないのです。もうパートナーへの愛がなくなったら、正直にその事実を伝えます。他に好きな人がいたら隠さずにそう伝えます。そしてそれぞれが別々の道を歩むのです。

いつだって人生の主役は自分

実際に夫婦仲が悪い状態で家族を続けてたとして、子どもがそれを目の当たりにして生きてくのはどうなんだろうかと、私はそこに少し疑問を持ちます。離婚をした場合は、家族みんなで住めなくなるわけですが、それでも、自分の親が生き生きとした姿で生活できているのであれば、それも悪いことではないのかなとフランスに来てから思うようになりました。

もちろん、ケースバイケースなので、どちらが正解ということはないですが、日本とフランスの考え方の違いを示すひとつの例として、離婚についての考え方も挙げられます。

フランス人は「親」自身が楽しんで生活できているかというところを重要視しています。親である前に「自分」という「個」があって、そんな自分が明るく自分らしく生活することが第一と考えるので、夏休みも全力で遊ぶし、休日も自分の好きなことを楽しんでいる人が多く、そういう人生を楽しむ親の姿を見て、子どもも育っていくわけです。

そして、もうひとつ、離婚した際の子どもの扱いについて、フランスは「共同親権」、日本は「単独親権」という大きな違いがあります（日本でも２０２４年に共同親権を可能とする民法の改正案が可決成立し、新しい制度が２０２６年までに始まる見通し）。

フランスでは離婚しても共同親権になるので、離婚協議時にどのように分担して子どもと過ごしていくのか取り決めます。例えば、日曜から水曜までは父親と一緒に暮らし、木曜から土曜は母親と暮らすという感じです。ヴァカンスもそれぞれと過ごします。

私がフランスに住んで感じる共同親権の良いところは、子育ての負担が片親だけに偏らないということです。日本では共同親権が認められていないので、父親か母親のどちらかが子どもを引き取ることになりますが、一方が養育費を支払う形にしても、片親が24時間365日、子どもと過ごすことは負担が大きく、その状況では、親自身のプライベートな時間はまったくと言っていいほど取れません。

フランスでは離婚した夫婦は概ね週の半分は独身のような生活スタイルになるので、仕事も一生懸命できるし、新しい出会いのために時間を使うこともできます。このフランスの家族の在り方は、形を大事にする日本の理想とは異なるかもしれないけれど、たとえ離婚しても親が生き生きと自分の人生を楽しむことも大切なのです。

ちなみに、フランスでは離婚を経た夫婦はその後どのような関係性になるでしょうか。日本だと片親のみの親権ということもあり、離婚した相手に子どもを一度も会わせない、という方もいるようですが、フランスでは共同親権なのでそうはいきません。子どものために割り切って相手とやり取りをしている人もいますが、中には過ぎ去ったことは気にせず、一緒に子育てをするパートナーとして前向きに関係を育んでいる人も多いです。

フランスで友人家族のホームパーティーにお呼ばれした時に驚いたことがあります。

パートナーの誕生日祝いに夫婦二人でレストランへ

そこには友人の両親（彼が幼い頃に離婚）とそれぞれの再婚相手、そしてその子どもたち（友人の異母兄弟）が集まって仲睦まじくパーティーをしていたのです。

一度お別れした相手とその家族を招いて一緒にパーティーをできる感覚は、まだフランスに来て数年の私にとってはなかなか衝撃でした。フランス人の、過去のことは水に流して、これからをどう楽しく生きていくかを大切にする精神が垣間見えた出来事でした。

国際結婚の現状

さて、フランス人の結婚観や恋愛観はなんとなくわかったところで、我が家のような日仏カップルの話をしていきましょう。

皆さんは国際結婚についてどのようなイメージをお持ちでしょうか。それぞれ違った国で育った人間が一緒になるということは、やはり困難も多く、実際に国際結婚をした日本人の離婚率は51％と、国内離婚率36・3％に対して高い割合になっています（厚生労働省「2021年度 人口動態調査」）。

私はフランス人パートナーと生活をともにして、約7年が経ちましたが、ここではその中で感じた国際結婚の難しさをお話しします。

国際結婚をする上でまず最初に立ちはだかる問題としては「どの国に住むか」ということです。日仏夫婦を例に挙げると、①日本に住む　②フランスに住む　③日本でもフランスでもない第三の国に住む、の3パターンがあります。私たち夫婦はパートナーの母国であるフランスに住んでいますが、これは私たちの出会いがフランスだったので、自然とそのまま住み続ける形となりました。

このように、どちらかの出身国に住む場合「その国で生きていく力」はどうしてもフエアになりません。私たちの場合、私がこれからどんなに語学や文化を吸収したとしても、パートナーの母国であるフランスにいる以上、どうあがいても「フランスで生きていく力」で彼に勝ることはないのです。

そういう関係性になった時、母国に住む側がそうでない側をどれだけサポートできるかが夫婦関係を築く上で大事になってきます。マイノリティとして生きていくこと、現地語を話すこと、外国で経済力をつけること、どれをとってもそこで生まれ育った人と比べたら大変な努力をしないといけないことがたくさんあります。そこに相手が気づいて、アウェイな状態にいるパートナーの困難な状況に対して、どれだけ理解して寄り添えるかということがポイントなのです。

そういう時に本当に心から支えになるパートナーが近くにいて、自分の味方でいてくれたら心強いし、安心できますが、パートナーが仕事やその他いろいろな理由で近くにいてくれないということが起きたらしんどくなるのは当たり前のことです。

義実家でチーズフォンデュ。異文化をどれだけ楽しめるかも外国に住むには大切な要素のひとつ

フランスではフランス語を話せないと快適には暮らせないし、フランスの常識は日本と違うのでひとつずつ乗り越えて、どんどんたくましく成長しなければいけません。しかし、その努力は決してわかりやすく目に見えるものではありません。

時折、私がフランス語を話すことが当たり前、のようにパートナーが接してくることもあります。そんな時は、「外国語を話しているという私の立場を理解した上で話を進めてね」と釘を刺すこともしばしばあります。

マイノリティで困難な状況に苦しむパートナーを気遣うことができない人がいるのも現実で、そこで生じた溝が徐々に深くなって国際結婚カップルの危機につながることも多いのでしょう。

お互いに外国在住経験があるとうまくいく国際結婚

マイノリティとして生きる外国人パートナーを気遣えるかどうかは、過去に外国に住んだ経験があるかどうかも大きく影響しています。外国人パートナーがいくら外国生活の苦しい胸のうちを訴えたところで、その大変さを知らない人は、いくら言葉で伝えられても実感が湧かないのです。

私の周りでうまくいっている国際結婚カップルは、お互いがそれぞれ外国での滞在経験がある、もしくは外国人パートナーが現地の人並みの「生きていく力」を備えているパターンが多いように思います。例えば、10代、もしくは20代の早いうちから移住してその国である程度教育を受けた人が該当します。

残念なことに、外国在住経験がない人が国際結婚をすると「モラハラ関係になりやすい」ということがあります。自身は母国にいるためパートナーほど大変な思いをすることなく生活ができているので、自分が当たり前にできることをパートナーができない状況をつい責めてしまうのです。

例えば医療の電話予約、保険の手続き、銀行口座の開設、など「なぜ、こんなに簡単なこともできないのか」といった具合です……。

外国に住んでいる方はその国に馴染むためにすでに大変な努力をしていることがほとんどなので、母国に住む側がいかに歩み寄るかが国際結婚で夫婦関係をうまく築く大切なポイントです。

日本は空気を読んで場を察する文化が根付いていますが、フランスではそういった文化はありません。ですから、フランス人と生活をともにしていくには、日々の大変なこと、問題点、違和感があった時は声に出して相手に伝えることが大切です。

とはいえ、日本で長らく生活していた身としては、思いを伝えようと言葉にする努力をしても、知らず知らずのうちに思いを溜め込んでストレスが積み重なり、心身に影響を及ぼすこともあります。そうした時にそっと手を差し伸べて自然とサポートしてくれるかどうかが国際結婚カップルの円満な関係にとって大切な条件なのです。

我が家にもあった危機

我が家の場合、パートナーはほぼフランス以外に住んだことがなかった（ベルギーのフランス語圏に1年在住）ため、私がフランスでどんなに苦しい思いをして生きているか、いくら言葉で訴えてもあまりピンときていないようでした。

フランスに住むことに関して、概ね楽しくやっていけていた私でしたが、それでもやはり苦しいことも多々あります。そんな時、一番近くにいるパートナーに寄り添ってほしかったのですが、アジア人女性の私がフランスでお金を稼ぎ子育てして生きていく大変さを彼はなかなか理解してくれませんでした。

パートナーとの関係は現在で約7年になりますが、振り返ると3〜4年目ぐらいまでは理不尽なことでイライラされ、衝突したことが何度もありました。

今でこそ「対等な関係でいられている」と思えますが、ここまで来るのは平坦な道のりではありませんでした。悔しい思いをしながら、何度拙いフランス語で訴えてきたことでしょう。やっぱり、彼とのフランスでの生活は、無理かもしれない、と思ったこと

家族との食事の時間を何より大事にするパートナー

もあります。

我が家にそういう危機があったにもかかわらず、今も関係は壊れることなく概ね（笑）円満に続いているのには、いくつかの理由があると思っています。

まず前提として、パートナーがとても家族愛に溢れた人だったからです。

彼の家族への愛情の深さは、子育てを通してよく知ることとなりました。彼は何よりも家族と過ごす時間を大事にします。日本だと仕事を理由に家族と一緒の時間を過ごさない選択をする人も多いですが、彼はフランスの多くの家庭と同じように、平日はいつも18時頃に仕事を終え家族との食卓を楽しみにしています。

ある時、仕事が立て込んで19時を過ぎてやっと仕事を終えたあとの彼の第一声は「仕事の調整ができなくて、遅くなってごめんね」でした。

この言葉からもわかりますが、彼にとって仕事は家族と一緒に人生を楽しむための手段であって、目的ではないのです。日々生活を送る上で生活費を稼ぐことはもちろん大事ですが、何のためにお金を稼ぐのか、彼と過ごしているうちに人生の優先順位を改めて学びました。

そして、私も思っていることをフランス語で伝える力を身につける努力を続けました。もともと割と性格が強いほうで、自分に厳しく他人にも厳しいタイプで、日本にいた時は、誰にでもハッキリ意見するほうでした。

しかし、フランスに来ると、自分の言いたいことを母国語ではないフランス語で上手に言えませんでした。正直、彼と出会った頃は本来の自分の半分も出せてなかったんじゃないかと思います。

それでも、パートナーに理不尽なことを言われる度に、拙いフランス語なりに一生懸命に言い返して頑張って自分の思いを伝えるようにしてきました。それと同時にフランス語の勉強もずっと続けた結果、フランス生活が長くなるにつれて、本来の自分をフランス語ベースでも取り戻していき、自分が納得してないことは彼が認めるまで言い続けることができるようになったのです。

国際カップルの関係を左右する経済的な自立

しかし、私たちの関係に影響を与えた一番の理由は「経済力」の問題だったのではと思います。

日本で建築士として働いてきた私がフランスで日本と同じように自由に働けるかと言えば、子どももいるしなかなか難しく……。

それでも、異国であるフランスでがむしゃらに生活を続けてきて、YouTubeやVoicyなどのメディアで発信もしながら、今はなんとかパートナーと生活費を折半できるようになったのです。我が家は、お互いに決まった額を共同の口座に振り込み、そこから生活費を落とすというやり方にしているのですが、私の仕事が安定するまで、彼がほとんど生活費を払っていた時は、今考えると対等ではない関係からくる高圧的な発言も多かった気がします。

しかし、経済的に対等になって、関係がだいぶ改善したのは事実です。自分でちゃんと自立して生きていく力をつけられたことでより自信がついたし、彼との関係も同時に改善していったのです。これは女性の社会進出や自立が進んでいるヨーロッパ的な考えですが、私は異国でも経済的に自立し、彼と対等に過ごせるようになって良かったと今は思っています。

言いたいことも言えずに、愛想笑いをして付き合っていた当初の私はもはや微塵《みじん》も残っていないですが、今の私のほうがより自分らしくいられていますし、不思議なことに今の対等な関係のほうが、2人の仲も良好なんです。おそらく私がフランス生活の中で変わっていったのと同じように、パートナーも一緒に変化してくれたのです。

彼が変わらずにいたとしたら、おそらくそこで〝溝〟ができてしまっていたでしょう。「ニコニコしていて、強く言わない昔の君が好きで、今の君は好きじゃない」となる人もいると思いますが、パートナーはおそらく「昔より今の君のほうが好きだ」と言ってくれます。

こんなふうに2人ともが変化できたのは、子育てが大変な時期やつらいことなど、同じ体験をともに乗り越え、夫婦の間で何か問題が起きる度に根気強く向き合ってひとつひとつ解決してきたから。そうすることで関係がステップアップできたのだと思っています。


自由と経済的な自立は密接に関係していることを示す例として、こんな話を聞いたことがあります。フランス人の夫を持つある外国人女性はフランスでパートのような仕事をしながら主に子育てを担当して、フランス人の夫が家計を主に支えていたそうです。

その後、夫婦関係がうまくいかなくなり、離婚に向けての話が進み始めると、フランス人の夫は今まで共有していた口座を、彼女が自由に使えないようにしてしまったというのです。日本で言うところの「経済的ＤＶ」ですね。

パートタイムで得られる金額では1人で生活していくことも、子どもを養うのにも十分ではないので、「何でもいいから仕事を見つけなきゃ」とかなり焦って仕事を探すことになってしまったのです。

この話を聞いて、これは国際結婚の難しい点だなと感じました。夫婦関係が良好なうちは、パートナーであるフランス人夫が生活を支えて、外国人妻は家事育児に専念するという形でも成り立つけれども、関係がうまくいかなくなると、突然、異国の地で経済的な自立をしなければいけないケースもあるのです。

これは国際結婚のカップルは誰にでも可能性あるので、正直、私も「明日は我が身」という危機感は持って過ごしています。だからこそ、対等な関係を築くこと、そして、アウェイと言える海外でも生きていけるだけの経済力を身につけることは自分自身の未来、そして幸せを守るためにも必須なのです。

ちなみに、フランスには「離婚補償手当」というものがあり、離婚後に収入の少ない配偶者の生活レベルが下がってしまうことのないよう、収入の多い側が少ない側に対して、離婚補償手当を支払うことが定められています。しかし、離婚補償手当は離婚後12カ月から所得税の課税がされるので、長期的には収入が低い側も自身の生活のために経済活動をしなければいけない、ということになります。

国際結婚のメリット・デメリット

では、我が家のケースを例に挙げつつ、国際結婚のメリット・デメリットを改めて考えてみたいと思います。

国際結婚のメリットは、今まで自分が知らなかった世界を知ることができることです。私は自分が知らない世界にとても興味があるので、そういった意味では外国人のパートナーとの生活は「毎日が冒険」みたいな感じで楽しめています。おそらく私のもともとの性格的にも向いていたんだと思います。

また、フランス人のパートナーとの生活で良いなと思うのが、フランスではそもそも日々の家事育児を女性だけがするという考え方はないということです。うちでは料理好きな私が主に料理担当ですが、他のフランスの一般家庭は女性も男性もキッチンに立って食事を作るというのがスタンダード。

そして、ストックしてある冷凍食品を温めて出しただけだとしてもなんの文句もなく、平日は「頑張って準備をするより簡単なごはんで疲れを溜めないほうがいいよね」という認識なので、日々の食卓へのプレッシャーはまったくありません。パートナーが「もっとちゃんとした食事を用意して」とは絶対言いませんし、お互いが平等に家事・育児をして家族を支える生活は気持ち的にも楽です。

良いことがある一方で、難しい点もたくさんあるのが現実です。

第一に、国際結婚だと、どちらかの家族と遠く離れて暮らすことが多く、我が家の場合は日本の家族にはなかなか子どもを会わせることが簡単ではない点。パートナーの側の両親は車で6時間ぐらいの距離ではあるけれど、なんだかんだで1~2カ月に1回ぐらいは会えていますが、遠く離れた日本の家族には、その頻度で会わせることはどう考えても無理です。つまり、「どちらかの家族を選ばなくてはならない」ことは難しいと感じます。

そして、子どもがいる場合は、万が一離婚をしたあとのことも考えなくてはいけません。先ほど共同親権によって離婚後も良好な家族関係を築けている例を述べました(P66)が、残念ながら、国際結婚においては難しい問題もはらんでいます。

子どもがいる場合、離婚したとしてもそれぞれがあまり遠いところには住めないということ。これはハーグ条約によるもので、簡単に言うと、「16歳未満の子どもを元配偶者の許可なく国境を超えて移動させてはいけない」という国際条約で、日本では2014年4月に発効されました。

日本からフランスに行き、そこで結婚をして子どもができ、その後に離婚となった場合、「子どもを連れて住み慣れた日本に戻って育てていきたい」という気持ちになるのが自然だと思いますが、このハーグ条約に基づくと、こちらの意思だけではできません。

つまり、共同親権においては、どちらか片親の意思だけでその国を出ることはできないのです。離婚したパートナーが一筆「日本行きを承諾している」という書類を書いてくれれば、国外に出ることができますが、両方の親の同意なしに子どもを海外に連れ出すことはできません。しかし、日本では離婚をしても単独親権のため、それを利用して日本に連れ帰ってしまって子どもに会わせないという〝連れ去り〟事件が起き、度々国際問題になっているのです。

となると、フランスで結婚して子どもができて、離婚するとなった時には、基本的には子どもを連れて日本に帰ることはできません。子どもが16歳になるまでは、離婚したとしてもほとんどのケースで母国ではないフランスに残らねばならないわけです。

フランスで経済的に自立していればストレスも少なく過ごせるかもしれませんが、そういう方ばかりではないのが現実。フランス人夫のもとで専業主婦のように過ごしていたのに「愛がなくなった」といきなり離婚を突きつけられて、その後は1人でフランスで生きていかなくてはならないという状況が続くのはかなりつらいことだと推測できます。

このような可能性もあるため、自分の身は自分で守ることができるぐらいの経済力は身につけておいたほうが良いのです。それによりパートナーとの関係も対等になるし、自分の生活も潤う。今後、何かあった時にも自分の身を守るひとつの手段は、どうしたって〝お金〟になるのは間違いないのですから。

国際カップルにとって大切なこととは？

国際カップルになって実感したことは、自分の「当たり前」は日本での「当たり前」

であって、それぞれの国ではまた違った「当たり前」がある、ということでした。「当たり前」の違いが国際カップルのケンカの発端になることも多く、その違いが見つかる度にお互いに歩み寄っていく作業こそ国際カップルにはとても重要なのです。

まず、フランスには日本のような「察する」文化というものがありません。場の空気を読んで行動を起こすことよりも、きちんと言葉にして相手に伝えた上でアクションを取る、ということがフランスではスタンダードなのです。フランスに住んで、肌感ではなんとなくコミュニケーション方法の違いを感じつつも、ある時その文化の違いをしっかりと感じた出来事がありました。

フランスでは夕食前にアペリティフ（軽くお酒を飲みながら過ごす談笑タイム）の時間を設けることが多いのですが、うちでは大抵、私が夕食を準備している18時半頃にアペリティフを始めます。飲み物と一緒に軽いおつまみを食べますが、うちではナッツやドライフルーツを食べます。

ある日の夕食の準備中のことでした。パートナーがお椀に入ったピスタチオを、料理中の私に「食べる?」と言って差し出してきたのです。でも、私はその時両手がふさがっていたので、ピスタチオの殻はむけません。

フランス人のアペリティフ

「手が離せないのは見て明らかなのに、殻を両手でむかなくては食べられないピスタチオを差し出すなんて」

この時、日本人である私は、パートナーには状況を見て提案してほしいなと思ってしまったのです。それで、お椀を差し出してくれたパートナーに「この状況でどうやってピスタチオが食べられると思うの?」と日本的な返答をしてしまったわけですが、そこでパートナーはすかさずこう返してきました。

「今食べられないのだったら、今はいい

って断ればいいじゃないか、もしくはそこに置いておいてって言えばいいでしょ」

まさにカルチャーショックでした。

私がこの時のパートナーと同じ立場だったら、「ピスタチオをここに置いておこうか？」と聞くか、殻をむいて口まで運べる準備をしてから声をかけるでしょう。しかし、それは「私が思う正解」でしかありません。フランス人の彼にとっては、提案を受けた側が忙しくて手が離せないのなら「その状況を言葉で説明することが正解」なのです。

例えば、誰かに用があったらとりあえず声をかけ、相手が忙しい場合は「今は取り込んでいるから5分後に対応するね」と返答するのがフランスで正解とされるコミュニケーションなのです。私だったら「今忙しいの見てわかるでしょ」と言いたくなってしまいそうですが……。

国際カップルとして生活していると、こうした価値観の違いに日々直面します。その中で大切なのは、お互いが違う価値観を持っていると理解した上でどう歩み寄るか、ということです。夫婦というのはもともとは他人同士ですから、考え方に違いがあるのは当たり前。特に国際カップルとなると、さらに多くの違いに気づかされます。

ちなみに私たち夫婦の場合は、私は日本とフランスの両方の暮らしを体験しているので、フランス以外の国に住んだことのないパートナーよりも多くの違いに気づくことができます。ですので、自分の歩み寄り具合が相手よりも自然と大きくなって、それが知らず知らずのうちにストレスに感じてしまい、そういう時にケンカに発展してしまうのです。

「フランス人にとっての正解はこうだから」と、なるべく歩み寄るようにしていますが、最近は「日本だと実はそうじゃなくて、それを理解した上で行動してもらえるとうれしい」と言葉にして伝えるようにしています。

フランスの男性が家事・育児に積極的な理由

日本では2021年に家事・育児参加をする男性が初めて30％を超え、家庭を持つ男性の1日の家事・育児に費やす時間が1時間を超えましたが（総務省「社会生活基本調査」より）、フランス人男性は2010年の時点でその倍、平均して1日に2時間を家事・

育児に費やしていたのだそうです（フランスの統計局「ＩＮＳＥＥ」より）。
現在のフランスはさらに男女間での家事・育児負担の差は埋まりつつあり、実際にフランスに住む私もそれを肌で感じています。

ちなみに我が家の主な家事・育児分担はこのような感じです。

《パートナー担当》
・子どもたちの朝のお世話（朝ごはん、着替え、保育園へ送り届ける）
・子どもたちの夜のお世話（お風呂、寝る前の読み聞かせ）
・保育園関連の手続き全般
・ゴミ出し

《私担当》
・保育園へのお迎え
・料理、掃除

パートナーは出張が度々あるのでその間は私のワンオペ状態ですが、彼が家にいる時は主にこのような分担をしています。これは特に話し合いをして決めたわけではなく、自然とお互いが得意なほうをしていってこの形に落ち着きました。

男性がこれくらいの家事・育児を担当すると日本では「イクメン」と呼ばれるのでしょうが、現在のフランスではこの程度の分担は一般的です。料理に関しては、得意である私が担当することがほとんどなのですが、それをフランスの友人夫婦に話すととても驚かれることが多いです。フランスでは男性もキッチンに立ち、家族や友人に料理を振る舞うことはなんら特別なことではないのです。

しかし、フランスも昔から男性の家事・育児参加が当たり前だったわけではありません。1960年代後半から1970年代前半にかけて、女性の権利・地位向上、女性に関する社会・文化及び意識の改革を求める運動が起こり、たくさんの女性が声を上げて立ち上がった結果、女性の社会進出が進み、そして家事・育児に対する男女の差が減ってきたのです。

家計負担も男女平等に

このように、現在のフランスでは男女ともに家事・育児を担うのがより一般的になっていますが、裏を返せば、男性だけでなく女性もフルタイムでしっかり働き、家庭にお金を入れる役割があるということなのです。我が家も共同の銀行口座にそれぞれがお金を振り込み、生活費や、ローン、子ども関連の支払いに充てています。

日本では出産してから職場復帰まで1年近く育休を取得する人が多いですが、多くのフランス人女性は出産して3カ月で職場復帰をします。家事・育児の男女平等が普通である一方、女性も男性と同じようにしっかり経済活動を求められるのです。

このような男女平等の歩みは、男女それぞれの意識改革によって成し得た功績のようにも思えますが、実はこの現状を支えているのは各家庭での意識の問題だけではなく、社会の在り方、労働者の働き方も影響しているのです。

フランスでは日本のように長時間労働が良しとされる文化は根付いておらず、通常男女ともに18時頃には仕事を終えられるので、女性だけでなく男性も子どもの送り迎えが可能なのです。実際にフランスでは母親だけでなく父親による保育園の送迎もよく見かけます。

そして全ての公立の幼稚園で朝と夕方の学童保育（朝は7時半から、夕方は18時半まで。各幼稚園によって多少時間のばらつきあり）が格安で利用できます。ですので、日本のように母親が早めに仕事を切り上げて子どもを迎えに行かなくてはいけない、ということがないのです。フランスでは父親も母親もそれぞれフルタイムで働き、一緒に子どもを育てられる社会が成り立っているのです。

とはいえ、フランスでも家事・育児に関してはやはり女性のほうが男性に比べて多くの時間を割いているのが現状で、未だに女性からの不満の声は後を絶たないのも事実です。不満はしっかり声に出し、主張し、自分たちの権利を勝ち取り、自分たちが生きやすいように社会に反映していく。まだまだフランスの家事・育児に対する平等の進化は止まりません。

家事がまわらないなら「家事代行」

現在の家に住んで3年。家の中の掃除に加え、バルコニーの掃除、植物の手入れなど自分たちでやってきていましたが、植物は当たり前ですが手を入れないと見るも無残な状態になってしまいます。余裕がある時はもちろん手を入れますが、仕事などでいっぱいいっぱいになると「気にはなるけれど手がまわらないからそのままに」という状態になっていました。

我が家の家事・育児の分担は先にも述べましたが、割と平等に分けているとは思います。それでも、ほぼ在宅で仕事をしている私がどうしても家の中の家事をやることが多くなってしまいます。幼い子どもと一緒に生活しているとすぐに部屋が散らかってしまうのが日常茶飯事。朝起きてから、子どもたちが保育園や幼稚園に行くまでの少しの間でも部屋が散らかってしまうわけです。

これは夫婦あるあるだと思いますが、潔癖の度合いは人それぞれで違うものですよね。我が家の場合、私のほうが気になってしまうのでどうしても私が先に掃除をすることになってしまい、仕事の時間を奪われ「フェアじゃない」という気持ちになり、パートナーと言い合いになってしまうことも度々ありました。

パートナーは何か不満を感じた時に「僕はこんなにやってるのに」と口にしますが、それはお互い様です。私もいちいち言わずにやっていることも多いわけですし、自分がこれだけやっているという話になるのは不毛な言い合いでしかありません。

それぞれがやっていることはお互いの得意・不得意もあるので、それで言い合いになって作業を相手に押し付けるよりも、この掃除のタスクを外注したほうがいいという話になり、家事代行を頼むことになりました。

内容としては、週に1度2時間半ほどで、トイレふたつシャワールームふたつキッチンの掃除に加え、2階の掃除機かけやアイロンがけなども……と、そういうことをまるっとお願いすることになったのですが、自分たちでまわらないことは自分たちだけで解決しようとせずに「外注する」。この選択がとても良かったのです。

フランスでは、この家事代行を利用している家庭が割と多いです。というのも、家事代行の費用の半分を国が負担してくれるのです。義両親も家事代行を利用しているし、周りの家族も利用している人は結構います。

そういうフランスの政策が、共働き夫婦の支援にもつながっていて、だからこそ夫婦が2人とも働くことが無理なくできるのです。

日本だと「家のことは自分たちでやるべき」という風潮が強く、特に私の親世代の価値観だと「家の片付け、掃除は妻がやるべき仕事」という意識がまだ残っています。それもあってか、家事代行を頼むのはまだハードルが高いように思います。

でも、家事がそこまで嫌いだというわけではない人でも、外注することで空いた時間をさまざまなことに使うことができるわけです。仕事でなくても自身のリフレッシュのためだったり、家族と一緒に過ごしたり、そういう時間の使い方もいいんじゃないかと思います。

家事代行をお願いしている間、自分たちは横で別の仕事ができるし、自分たちがやるよりも早くてきれいだし、ずっと気になっていた庭の草木の手入れもしてもらえて我が家はお願いして良かったという結論になり、今も続けています。

ただ、やっぱり「フランスらしいな」と思った出来事がありました。庭の手入れをお願いした時のことです。毎週お願いしている家事代行と違って、庭のお手入れは単発での発注なのですが、ある日の朝8時から昼12時までの4時間の作業内容という取り決めでした。しかし当日の朝、作業員がうちに来たのが8時20分。「遅れます」などの一報もないままに、何事もなかったかのように20分遅れて我が家にやってきました。

でも、帰ったのは12時ぴったり。バルコニーには細かい枝や葉っぱが落ちたままでしたが、「もう時間なので、掃除する時間はありませんでした」と、言い残し帰られました。完璧を求めてはやっていけないフランス生活です（笑）。

PART 3

リアルなフランス暮らし

La vie réelle en France

きれい好きな日本人には難易度の高いフランス生活

私がフランスに来た当初は、初めての海外暮らしだったこともあり、日々カルチャーショックを受けていました。食習慣、考え方、衛生観念など、慣れない習慣に戸惑うことも多かったです。

現在はフランスでの生活にも慣れ、ストレスもだいぶ少なく過ごせるようになりました。時間をかけて、日本人としてのアイデンティティーはしっかり持ったまま、フランスと日本のちょうどいい折り合いの地点を見つけて、上手に生活できるような術を身につけられたと思っています。

日本人として大事にしたい生活習慣は守りつつ、いい意味で〝手抜き〟とも言える、フランスの上手な暮らし方も自分のライフスタイルに取り込んでいく、そんなことができるようになったのです。

とはいえ納得のいかないことはまだまだあります。例えばフランスの衛生観念についてて。私がこれについて疑問を抱いたのは2020年、コロナ禍の時期でした。当時、フランスでは厳しいロックダウンの規制がかけられ、1日のうち外出できる時間が1時間と制限され、外出する際のマスク着用が義務化されていました。ニュースでは外出制限やマスク着用に違反した人たちを厳しく取り締まる様子が毎日流れていました。中には、マスクから鼻が出ていただけで罰金を科された人もいたのです。

そのニュースを目にした時、日本人としてとても違和感を覚えました。

コロナ禍をきっかけに感染を防ぐための措置を強化してはいるものの、そもそも感染症予防の基礎ができていないのではないか、表面的なところばかりを強化しても意味がないのではないか、と思ったのです。

日本では、多くの人が家に帰ったら手洗い・うがいを日常的に行いますが、フランスでは、新型コロナウイルスが流行するまでは、家に帰ったらまず手を洗うという文化があまり根付いていませんでした。

そしてフランスの家は基本的に土足ですが、靴で歩いた絨毯の上を赤ちゃんがゴロゴロ寝そべっている、という家庭もよく見かけます。マスクの義務化や外出制限も大事ですが、基本的な衛生管理を徹底しないと、感染予防の効果は限定的なのでは、と感じたのです。

コロナ禍のマルシェ（市場）ではこんなこともありました。公共の場なので、どの店の人もマスクをして接客をしています。とある魚屋さんで買い物をした時、カードでの支払いを受け付けておらず現金を手渡しました。彼らの作業を観察していると、現金を触ったその手で魚をさばいているではありませんか。しかし顔にはしっかりマスク。その場面を見て「いや、マスクの意味！」と心の中でツッコミを入れていました（笑）。

テーブルに「パン直置き」の衝撃

今はすっかりコロナ禍も過ぎ、雰囲気は以前のフランス生活に戻りましたが、コロナ禍を経験してフランスの街中はそれなりに清潔レベルが向上したと感じます。例えばファストフード店は、以前はトイレに行くのもはばかられるくらいの汚さでしたが、コロナ禍で大手飲食チェーンの清掃理念が一新され、以前と比べたらとても快適に使えるようになりました。

それでも、日本のきれい好きな人にとってはフランスでの生活はまだまだ厳しいだろうなと感じます。

以前、私がよく拝見している掲示板サイトで、朝食としてティッシュの上にパンをのせて子どもに出したところ、それを見ていた夫に「子どもに変なことを覚えさせないで、ちゃんとお皿に乗せて」ととがめられ、「育児はほとんど私がしていて私の負担が増える一方なのに……」という投稿を偶然見かけたのです。

この〝パンティッシュ〟は、朝の忙しい時間を上手に過ごす投稿主さんの工夫のようですが、その投稿に対するコメントには「手抜きが過ぎる」「投稿主の怠慢が過ぎる」「この〝パンティッシュ〟が恥ずかしい行為であると認識できないのが驚き」など、コメント欄には投稿主に対する批判が相次ぎました。

しかし、この投稿を読んで、私が一番に思ったのは「うちはティッシュすら敷いてない……」ということでした。

実は、フランスでは多くの家庭でパンはテーブルに直置きしています。日本人の衛生観念では信じられない行為ですよね。わかります。しかし8年も住んでいると、そのような食事スタイルに違和感を覚えることなく過ごすことができるようになってしまいました。

ちなみに、フランスには「台拭き」というものがありません。多くの家庭では食器用のスポンジで流しも洗うし、食卓のテーブルも拭うのです。私はもう慣れてしまいましたが、食器用のスポンジで拭いたテーブルの上に直置きされるパンは、多くの日本の方にとっては生理的に受け入れられないのではないでしょうか。

もちろん、パンをテーブルに直置きすることを到底受け入れられないフランス在住日本人もいますが、現地の人と足並みを揃え、妥協できるところは妥協していかないとストレスが溜まる一方なのも事実です。

なお、このフランスのパン直置き事情ですが、フランス人のパートナーに聞いたところ、どうやらパンなどの乾燥していて硬いものはテーブルに置いても汚れない（？）というのがフランス人の感覚なのだそうです。つまり、テーブルに直置きしてもいいかどうかの基準は、「乾燥」していて「硬いか否か」ということで、他にはビスケットやチョコレート、リンゴや梨などの皮の付いた果物もテーブルの直置きはＯＫという感覚らしいです。

それから、フランス人は髪の毛を毎日は洗いません。これは硬水が髪の毛を傷めると言われているのと、フランスの乾燥した気候のためです。夏でも日本ほど気温が高くなく湿度が低いため、普通に過ごしている分には日本の夏のように汗だくになることはあまりありません。

このように、数日に1回しか髪の毛を洗わないフランス人は、シャワーを手短に済ますことが多いです。在仏日本人の中には、湯舟にお湯をためて、お風呂につかる度に同居しているフランス人家族から水の使用量に対して文句を言われる、という人もいます。

コロナ禍を機に、家での土足習慣をやめたという家庭も中にはありますが、実際にはまだまだ家の中で靴を履く人が多いフランス。特に、来客に靴を脱がせる行為というのがフランスでは失礼にあたるので、自分たちはスリッパでも来客は靴のまま家にあがってもらうという、土足と上履きの境界線がとても曖昧なのがフランスの一般的な家庭の在り方のように思います。

ちなみに我が家は、私は日本人の中でもそれほど潔癖というわけでなく、またパートナーはフランス人の中でもそこそこきれい好きで、お互いの清潔レベルにそこまで差がないのでうまく家庭がまわっているなと感じています。

毎日、コースのフランス料理を食べるわけではない

戸惑ったことといえば、食生活の違いも挙げられます。

フランスに来たばかりの頃、フランス人のご家庭に1カ月間ホームステイをしたことがありました。夜は家族揃って食事をするのですが、毎回の夕食がサラダとパンのみ、スープとパンのみ、といった感じでとてもシンプルなものが多くてびっくりしました。

それまでの私の日本人としての常識は、夕食と言えば1日の締めくくりとしてメイン料理をはじめ、副菜など何品も食卓に並べるのが当たり前だと思っていました。しかしフランスの食習慣では、昼食に肉や魚などのタンパク質をメインに摂取し、夕食は寝る前に体に負担をかけないように炭水化物や野菜を中心に軽めに済ませることが多いと知って、その食習慣に次第に慣れていきました。

初めは夕食が質素なので物足りない気がしていましたが、寝る前にがっつり食べ過ぎない食習慣にすると、胃もたれのない、すっきりとした朝を迎えられることに気づいたのです。

しかし、結局のところ「フランスの料理は自分に合っていない」という事実を確信したのは、フランスに来てからすでに4年が経った33歳の時でした。

きっかけは、フランス人パートナーの実家への帰省でした。自分で料理をすることなく、たまたまフランス人と同じ料理を1週間ほど食べ続けたある日のことです。夜中に突然の腹痛に襲われ、寝続けることもできず、医者にかかり、それで初めて自分はフランス人とまったく同じ食事を1週間も続けてはいけないと気づいたのでした。

それ以来、ヴァカンス中などでフランス人と長い期間一緒に過ごす時には、率先して料理担当になり、自分にとって胃を休める日を作っています。作るのはもちろん、あっさりとした和食です。自分にとっては胃腸を休める大事な日ですが、フランス人家族には「今日はアジア料理の日ね」と言ってお互いウィンウィンになるようにしています。

フランスでも週の半分は和食

フランスで生活をしていても食べ慣れた日本食で「休肝日ならぬ休胃日」を挟むのも大事なことだと気づきました。なぜなら29年間は日本で生活をしていて胃腸はすっかり日本仕様なのですから。

現地の生活に馴染もうとしてもやはり譲れないところはあります。しかし、ある程度はフランスの当たり前に慣れていかないと、それはそれでストレスがかかります。日本とフランスのいいとこどり、自分にとって「ちょうどいい」を見つけていくことが慣れない海外生活で心地よく暮らしていけるヒントだと思っています。

スーパーの品揃えでわかる、日本との食卓の違い

食料品や日用品の買い出しは日々の生活の中で欠かせないことです。私たちは週に一度大型スーパーに行きますが、フランスのスーパーマーケットについても日本との違いが数多く存在します。

フランスで特に食べられているのが、乳製品です。チーズ、バター、ヨーグルト、生

クリームは多くの家庭で常備されています。スーパーに行って驚くのは、それらの豊富な品揃え。チーズ売り場には専門のスタッフがいて、その場で切り分けてくれます。同じ種類のチーズでも、熟成期間が違うものが売られています。そしてヨーグルトコーナーはものすごい数と種類が陳列されていて、フランス人が普段からたくさんのヨーグルトを摂取していることがスーパーの片隅から想像できます。

また、フランスではかたまり肉をそのまま調理することが多く、お肉を食べる時は一度にかなりの量を食べます。日本の煮物や肉野菜炒めのようにひとつの料理にバランスよくいろいろな具材が入っているというよりは、「お肉はお肉」、「野菜は野菜」とそれぞれを別々に食べることが多いのです。

ですから、日本のように細切れ肉や薄切り肉は売っていません。アジア人も多く住んでいるパリでは肉を薄切りにしてくれるお肉屋さんがあるようですが、ナントには残念ながらありません。薄切りや細かくなったお肉を使った料理が食べたい場合は、自力で包丁を使ってひとつひとつ切っています。しかしお肉を包丁で細かくはできても、薄切り肉はなかなか難しく、時々ネットで電動スライサーを探しては買おうかどうかを迷っています（笑）。こういう時は、すでに細かくなったお肉が売っている日本のスーパーの便利さを羨ましく思います。

また鶏肉に関しても、もも肉は骨付きでしか売っていないので、例えば、鶏もも肉の唐揚げを作りたい時は、まず肉を骨からはがす作業が必要になり、日本で売られている、すでにカットされた鶏肉が恋しくなります。しかし、その面倒な作業をしてでも無性に食べたい時があり、時間をかけて作って食べられた時はとても幸せな気持ちになります。


野菜や果物を買う時には注意が必要です。フランスでは基本的に量り売りをしているので、レジでの清算前に自分で重さを量って値段シールを品物に直接貼り付けなくてはいけません。ものによってはひとつくら、というものもあるので混同しやすく、フランスに来た当初はレジで量り忘れを指摘され、慌てて計量器に戻ってシールを貼る、ということもありました。

最近では食料品だけでなく、洗剤や液体石鹸も量り売りで買えるところが増えていて、この量り売りスタイルはゴミの削減、つまり環境の保護の観点からも、よりフランスのスタンダードになっています。

理にかなったフランス流のレジ

日本ではスーパーのレジ担当は基本的に立ったまま作業を行なっていますが、フランスではほとんどの人が座ってレジ打ちをしています。多くのスーパーではベルトコンベアータイプの台が使用されているため、店員は流れてくる商品を手元でスキャンして横に流していけばいいので、立って作業する必要がありません。挨拶もそこそこに、ただ、商品を右から左へ流して会計を効率よく済ませる、このフランススタイルはとても理にかなっていると私は感じています。

またフランスで買い物をして驚いたのは、支払い時に買い物する人の人数で割って支払いができるということです。私は1年間フランス人の女の子とルームシェアをしていたので、週末の食料買い出しの際は支払額の合計を2で割って支払うということをしていました。

この支払い方法はレストランでもできるので、大人数で食事をした際は単純に人数で割って支払いをすることが多いです。多少の誤差は気にしない、おおらかな国民性だか

フランスのスーパーのレジでは座って作業するのがスタンダード

らこのような支払い方が浸透しているのかもしれません。
このようにレジの話をはじめとして、フランスのカスタマーサービスには良くも悪くもびっくりすることが度々ありました。
日本ではレジでの会計時、店員はにこやかな顔で丁寧に接客してくれることがほとんどですよね。日本で生まれ育った私は、それが当たり前の接客態度だと思って過ごしてきました。学生時代、アルバイトで接客サービスの仕事をした時にも、そのような接客態度を当たり前に意識して仕事をしていました。

もちろん「カスタマーハラスメント」と言われるような、いき過ぎたサービスを求めることは間違いだと思いますが、最低限のサービスとしてこの「にこやかに丁寧に接客する」ことは、「当たり前」だと思っていたのです。

しかし、そんな常識は、フランスに来てすぐ、スーパーでの買い物の際に覆されました。フランスではお店に入った時や、会計時に挨拶をするのが基本なのですが、ある日スーパーで会計時に「ボンジュール」と挨拶したのにもかかわらず、店員に無視をされたのです。それに彼女は無表情で少しイラついているようにも見えました。

それまで、客の立場でそのような対応を受けたことがなかった私にとって衝撃は大きく、何も言うことができなかったのです。翌日、知り合いのフランス人にその話をしたところ、無愛想で接客されることはフランスではよくあることだと聞きました。私が今まで常識だと思っていた「客にはにこやかに丁寧に接する」というのはフランスでは標準ではなかったのです。

実はフランスでは〝求められている職務〟以上のことはしなくても問題はないのです。前述のケースで言うと、レジ係の仕事は「商品をスキャンして代金を徴収する」のが仕事であって「笑顔で接客する」ことは仕事内容に含まれていない、という認識です。

しかし、その最低限過ぎるカスタマーサービスにがっかりしてしまうことも多いのです。あるお店で買い物をした時に会員登録をしているかを聞かれた時のことです。パートナーの名前で会員登録をしていたので彼の苗字を伝えたところ、うまく聞き取ってもらえませんでした（彼の苗字は長くて日本人には発音も難しいのです）。

しかもコロナ禍だったのでマスクもしていて余計に聞き取りづらかったのか、数分の間「いえ、E（ウ）ではなくU（ウ）です！」（UはEよりももっと口を尖らせた発音）のようなやりとりをしていて、痺れを切らした店員にキレられるということがありました。私が店員だったら紙を用意して書いてもらうとか他の方法を提案すると思うのですが、そこで客にキレてしまうのが残念なところです。それ以来、このようなトラブルを回避するために彼の苗字が書かれた保険証などを持ち歩くようになりました。

アジア人で女性であることがどれだけ影響しているかはわかりませんが、私は半年に一度くらいのペースで店員にキレられています（笑）。最近でいうと、レストランで水差しを提供された時にテーブルにまだグラスがなかったので「グラスももらえますか？」と聞いたところ、「いっぺんに全てのことができないのわかりますよね？」とキレ気味に言われたことがありました。結局、5分ほど待ってもその店員からグラスをもらえなかったので、他の店員からグラスをもらいました。

「お客さまは神さまです」の考えは私もいき過ぎだと思いますが、なぜ客にこのような不躾な態度を取れるのか、私はいまだに理解できません。こんな嫌なことがあった時は「あぁ今日は運が悪かった」と思って気持ちを切り替えるのが一番です（実際、フランス人たちもそうやってやりすごしています）。そんな術もフランスに来て身につけられるようになりました。

物価は高くても、トータルの支出は少ないフランス生活

世界中、あらゆる国でそうですが、フランスもここ数年の物価高は本当に著しく、スーパーマーケットで買い物をしても「これぐらいの量買っても、2～3年前は2～3割ぐらい安かったのに……」と思うことが増えました。

何か物を買ったりだとか外食に行ったりだとかひとつひとつの値段は日本と比べるとものすごく高いのですが、ただ、トータルで見ると、私自身は日本にいた時よりもお金

を使っていません。

週によっては「まったくお金を使わなかった日」が3日くらいあるのです。子どもたちを送りに行き、帰ってきて家で仕事をしてお昼も家で食べて、午後に仕事をして、子どもたちを迎えに行って、また家で夕食を食べてという感じの生活なので、1日の中でお金を使うことがほとんどないのです。

日本にいた時は、基本的に毎日仕事に行っていたので外に出る機会があり、コンビニでちょっと飲み物を買うこともよくありました。ただ、フランスにはそういう便利なお店も自動販売機もないので、外に出かける時には必ず水筒を持参するようになりました。日曜日はレストランも閉まっているところが多いので「お昼はサンドイッチを作って持って行こう」となることもあります。

フランスにはそこら中に公園もあるし、川沿いを歩いていてもそれだけで楽しいので、「今日は天気がいいから自転車でお散歩しよう」と言って、週末には3~4時間ぐらい自転車で遊ぶなんてことも。日本では休日にどこか遊びに行くとなると、ほとんどの場合、お金を使うことになりませんか？　ご当地のアイスクリームを食べたり、レストランに入ったり。その時間を楽しむ、というよりもお金を消費すること自体が目的となっ

公園で集まってただ時間を過ごすフランスの日曜日

てはいないでしょうか。
このように、フランスではお金を使う機会が日本よりも圧倒的に少ないのです。買おうとすれば物の価格は高いけれど、そもそも買う機会が日本よりも少ない。これがトータルのお金の出費が少ない理由なのかなと思います。

外食の救世主「ケバブ」

日本で生活をしていると、フランスへ旅行した際の外食費の高さにびっくりすることでしょう。ファストフード店でも1人当たりの料金は飲み物セットでおよそ15ユーロもします。私の住むナントではレストランのランチの相場は20～25ユーロ（約3300～4100円）で、この金額だと日本ではランチなら高級レストランでフルコースが食べられます。

日本には牛丼チェーン店やうどんチェーン店などファストフードの種類も多く、味も「おいしい！」と思えるお店が多いですが、そういった側面ではフランスはあまり期待できません。もちろん、美食の国ですからおいしいレストランは多く存在しますが、お値段もそれなりにかかるため、そういうレストランに行くのは、記念日などの特別な時、と考えている人が多いように感じます。

この外食費が高い背景にはフランスの人件費の高さがあります。ナントのレストランで働く場合、時給は平均12・11ユーロ（約2000円）と、飲食業における日本の平均時給（1163円）のおよそ2倍です。日本では手頃な価格で楽しめる外食も多いですが、フランスに住んでそれが働く側にどう影響するかを考える機会が増えました。

そんな中で、フランスで「安くておいしい」ポピュラーなファストフード、それはずばり、ケバブです。日本でも時々街中の屋台で見かけることはありますが、一般的にそこまで浸透はしていないかと思います。しかしフランスでは、街の規模が小さくてハンバーガーチェーンを見かけることはなくても、ケバブショップはあるのです。

フランス人の胃袋を満たすボリュームたっぷりのケバブ

パートナーに聞いてみたところ、彼の幼少期はそこまで数が多くなかったそうなのですが、この20~30年でフランスのどこでも見かけるようになったそうです。

ケバブショップはハンバーガーチェーンと違って個人経営の店が多く、店先でイチから調理した出来立てのケバブを食べることができます。そしてどの街にも評判でおいしいケバブショップが一軒はあるのです。

店先でグリルした肉に、野菜を挟んで食べるケバブは、ボリュームたっぷりでとっても満腹感があります。野菜も入っているので栄養も偏っていませんが、やはり胃にはどっしりと重くのしかかります。

客層はやはり若い男性がメインで、彼らはそのボリュームたっぷりのケバブに、さらに付け合わせとしてフライドポテトを食べます。私は昼ごはんにケバブをひとつ食べたら、夕ごはんを抜きにしてもいいくらいお腹に溜まるので、さらにフライドポテトを食べるなんて考えられません。

もっと軽めでリーズナブルに済ませたいなら、パン屋でサンドイッチを買うのもおすすめです。多くのパン屋にはイートインスペースもあるので、手軽に昼食を済ませることができます。フランスの一般的なサンドイッチはバゲットまるまる1本にチーズや野菜が入っていて、その1本でも日本人の胃袋は十分に満たされるでしょう。

というよりも、いつも食べ終わる頃には、噛み応えのあるパンにあごが疲れてしまっています（笑）。基本的にフランス人のほうが日本人よりもよく食べるので、フランス人と一緒に食事をして、お腹が満たされない日本人はほとんどいないのではないでしょうか。

ちなみに、パートナーがパン屋でお昼ごはんを買う時は、バゲット1本まるまるのサンドイッチと、生クリーム、バターがたっぷりのキッシュをぺろっと平らげているので、こちらは見ているだけでお腹がいっぱいになります。

治療までにかかる時間は日本の数十倍!?

フランスでの生活で日本と比べて特に不便と感じるのが「医療」です。フランスでは、日本のように患者が自ら皮膚科や耳鼻科などの専門医に直接出向くのではなく、まずかかりつけ医の診察を受け紹介状をもらった上でないとそもそも専門医の予約が取れないのです。ですから、フランスで生活するには、何はともあれかかりつけ医（médecin traitant）を探して登録しなくてはいけません。

このかかりつけ医制度のメリットとしては、かかりつけ医が適切な専門医を紹介することで無駄な医療費の削減につながり、また患者の健康状態を継続的に把握することが挙げられます。

一方デメリットとしては、かかりつけ医の診察を受けるにも数日待たされることが多く、遅い場合は1週間も待たなくてはならないことが挙げられます。風邪の場合、予約して診察までに治ってしまうなんてことも起こりえます。そして、専門医の予約となるとさらに数カ月待たないといけないのです。

私はフランスでホクロの除去手術を行いましたが、手術を受けるまで半年も待たなければなりませんでした。まずかかりつけ医の予約に数日かかり、そして紹介状をもらい皮膚科の予約に3カ月待ち、いざ皮膚科医の診察を受けて手術の日程は最短でさらに3カ月待ち、計6カ月の日程です。

緊急性のある病状だと総合病院の救急センターで即日診てもらえますが、そうでない場合、常に「待たされること」がフランス医療の常識なのです。

ちなみに日本の皮膚科でもホクロの除去手術をしたことがありますが、予約なしで皮膚科に行ってからホクロの除去までたったの4日で終わりました。なんという違いでしよう。こういう時に日本の医療事情が羨ましくなります。

フランス人の健康の秘訣

素早い医療が望めないフランスでは、医療に頼らず、日頃から自らが健康に気をつけた生活を送るように心がけている人が多いように思います。そこで、フランス人が普段から気をつけている健康の秘訣をいくつかご紹介しましょう。

・とにかくよく歩く

フランス人の健康の秘訣はなんといっても、普段から「よく歩く」ことです。仕事の後の夕食までのひと時や、晴れた休日など、フランス人はとにかく時間があれば散歩をします。景色やおしゃべりを楽しみながら家族と歩く時間は、体の健康だけでなく心のゆとりも生み出してくれる、フランス人にとって大切な時間なのです。

・暴飲、暴食はしない、普段はシンプルな食事

先ほども触れましたが、フランス人は毎日前菜・メイン・デザートのフルコースを食べているわけではありません。フランス人の食卓はとてもメリハリが効いていて、普段の食事はシンプルですが、外食時や人を招待した時は比較的豪勢な食事になります。

また日本と違って、フランスでは昼ごはんにタンパク質を中心としたがっつり系の食事、そして夕飯は野菜中心のあっさりとした食事を好む人が多いです。

また、フランス人は果物をよく食べます。フランスの多くの家庭では、カゴに入ったさまざまな種類の果物を常備しています。フランスでは果物が比較的安く売っているので、私もフランスに来てから日常的に果物を食べるようになりました。朝食に、普段の食事のデザートに、おやつに、といった感じでフランス人の食生活に果物は欠かせません。

多くのフランス家庭ではいくつもの果物をカゴに入れて常備している

・平日は家事を頑張らない

フランスでは平日は遅くても18時には仕事を終えて帰宅します。夕飯は、普段は手の込んでないシンプルなものが多いので、支度・後片付けにそれほど時間もかかりません。日本だと1日の終わりに品数の多い手の込んだ夕飯を楽しみたい人も多いですよね。しかし、それを準備する人にとっては毎日のことでも、ものすごい負担になってしまいます。フランスでは、平日は手の込んだおいしい食事を楽しむよりも、いかに疲れを溜めずにストレスなく過ごすかが大事なのです。

フランスの洗礼といわれる「郵便・配送」事情

日本の配送システムは世界でも類を見ないのではと思うほど優れていて、2時間ごとの時間指定ができる配達サービスまでありますよね。遅延することはほとんどない日本の配達事情ですが、フランスではそんな細やかなサービスは期待してはいけません。

商品購入時に配達日を指定できることは稀で、通常は配達される数日前に配達日の案内メールが届きます。そこで初めて日時の指定が可能になりますが、この日時指定も意味をなさないことが多々あります。指定した時間通りに届かないことは日常茶飯事で、配達予定日になっても届かなかったり、配達日の前日に前触れもなく商品が届いたりすることもあります。

また、在宅しているかを配達直前に電話で確認する配達員がよくいるのですが、電話を取り損ねるとインターフォンを鳴らさずに不在票を郵便ポストに入れて帰ってしまう人もいるのです。こちらはずっと家にいたのに、1本の電話を取り損ねてしまったが故に不在票を入れられてしまい、その度にイラッとします。

ここで私が実際に経験した郵便トラブルを紹介します。

日本の広告代理店からとある商品のPR案件でお声をかけていただいた時のことです。商品を一度試してみて、私自身、納得がいくものだったら動画などで紹介しますというお話をさせてもらい、「それならば商品をお送りします」という話になりました。

しかし、待てど暮らせど商品が届かない。その担当者からも商品を発送したという連絡もなく、やり取りも途絶えていたので「あ、あの案件はなくなったのかな」と思っていました。実際に、いくつもの企業とPR案件についてメールでやり取りをする機会があるのですが、急に連絡が途絶えることもよくあるのです。

数週間が経ち、その担当者から「商品は届きましたか？　伝票番号はこれなんですけど……」とメールの連絡があったので調べてみると、送ってくれた商品はフランスには2週間も前に到着していたのです。しかも、「受取先が不在だったため倉庫で保管していましたが、2週間経過したので日本に返還中です」と書いてあるではないですか！

そもそも我が家には誰も届けに来てはいないし、不在票すら入っていないのに、勝手に倉庫保管になり、日本に返送されてしまっていたのです。

私は反省しました。というのは、その担当者に、「フランスの配送事情は日本とだいぶ違うので、発送が完了したら伝票番号をしっかり伝えてください」と、事前に共有していなかったからです。

日本の常識では、送ったものが届かないということは考えにくいのですが、フランスでは配送業者の都合で、届けてもいないのに「不在だったのでずっと倉庫で保管をしていました」と言い切られてしまうことが時に起きてしまうのです。

しかし嘆いたところで事態が好転するわけでもないため、そんな時は「次は、ちゃんとこちらもできることはして、それでも届かないものは気長に待とう」とおおらかな気持ちで過ごすことが大事です。フランス語で言う「セ・ラ・ヴィ（これが人生というものだ）」の気持ちです。日本ではいつも正確なサービスを受けられるので数分の遅れにも神経質になりがちですが、フランスでは気長にゆったりと構えて過ごすことが大切なのです。

こんな不便なフランス生活ですが、良くも悪くもそんな不便な日々が今の自分の身の回りにある環境に感謝することにつながっているのです。あるものでどうにかする、シンプルな暮らしがそこにはあるのだと思います。

パリシンドロームと被害妄想

皆さんは「パリシンドローム」という言葉を知っていますか？

これは「パリ症候群」とも言われるのですが、憧れの街であるパリに理想を抱いてやってきたけれども、文化の違い、言葉の壁、晴れ間の少ない憂鬱な天候と、実際のフランス生活では思い描いた通りに物事がうまく進まず、理想と現実とのギャップによってメンタルの不調につながってしまうことを言います。

ここ数年を振り返ると、実際に優しいフランス人もたくさんいますが、先に書いたようなフランス流の接客などで理不尽な扱いを受けたりすることもあり、メンタルが落ちてしまったことがありました。そして、そういう残念な経験の中には「アジア人差別」のような出来事もあり、私にだけあからさまに態度を変えられたという経験もあります。

そういうことが何度も重なってしまうと、どうなるか。

自分の中で「被害妄想」が生まれてしまうのです。先日、ネットである商品を注文し、それを自宅近くのミニスーパーに届くように手配しました。ミニスーパーに荷物を取りに行ったのがお昼頃で、カウンターで「荷物を取りに来たんですが」と伝えると、不愛想な口調で「お昼の間は荷物の受け取りサービスをやっていない。14時以降になるから」と最低限の言葉数で言われました。ただ、その荷物の受け取りについては、事前にメールでお店の営業時間などの案内が来ていて、12時から14時まで荷物は受け取れないなど、そんな情報は一切、書かれていないのです。

私は店員の不愛想な対応も含めて、「これはもしかしたら私がアジア人だからこんな対応をされているのでは。フランス人が同じように言ったら荷物を出してもらえるのかも」と疑心暗鬼になってしまいました。

結局、その後、パートナーにその話をしたところ、「僕も14時以降に来いと言われたことあるよ。本当にうんざりだよね」と言っていて、「そうかこれは私がアジア人だからの対応だったわけではないのか」と自分の被害者妄想について少し反省したのですが、そういう意識になってしまうぐらいには、生活の中で差別や偏見を目の当たりにする経験が実際にあるということです。

フランス人は冷たいのか？

このようなことが何度も起きてしまうと、フランスという国に嫌気がさす人が出てきてしまうのも理解できます。それにより「パリシンドローム」に陥ってしまう人もいるでしょうし、フランスに旅行された方からも「フランス人って本当に冷たいよね」「フランスは接客態度が悪かった」と聞くこともよくあります。

しかし、本当にフランス人は冷たいのでしょうか？

大前提として、日本や他のどの国にも、優しい人もいれば、意地悪な人もいます。それはフランスも例にもれず、です。ただ、私が長年フランスで暮らして感じたのは、コミュニケーションの仕方が違うことによる〝すれ違い〟も多いのではないかということです。

実は世界的にみて、日本は「察する文化」が異常に発達している国でもあります。もはや、日本人の特殊能力と言っても過言ではないほどです。

アメリカ人研究者による書籍『異文化理解力』（エリン・メイヤー著）では、特にアジア圏は欧米と比べて、思っていることと発する言葉の違いがあり、言葉に含みを持たせる「ハイコンテクスト文化」の国が多いと分析されています。

さて、そんな「言わなくてもわかる」に慣れている日本人からすれば、フランスでは「言わなきゃわかんない」というコミュニケーションに悩まされるかもしれません。

例えば、私がフランスで友人夫婦とレストランに行った時、メニューが人数分テーブルに用意されなかったことがありました。先に友人夫婦がそれぞれメニューを手に取って見始めたので、私は彼らが見終わったあとに選ぼうと待っていたのですが、友人夫婦は私もメニューを見ていると思っていたようで「典子は何にするか決めた？」と聞いてきたのです。

私が「2人が見終わってから決めるよ」と返すと、友人夫婦はその時初めてメニューがふたつしかなかったことに気づいたようで、2人から同時に「メニューが足りないなら早く言ってくれればいいのに」と苦笑されました。この場面にフランスと日本の違いをとても感じました。

この場合のフランスでの正解とされる行動は、メニューが足りないのなら「メニューがないので持ってきてください」と店員に主張するのが一般的でしょう。しかし、日本人の場合、この状況でメニューが人数分ないことに気づいたとしてもわざわざ店員に頼むことはしません。そしてその時に「どうぞ先に選んでください」と相手を優先するのが日本でのマナーではないでしょうか。

そういった価値観の違いを知らないと、「フランス人ってなんて失礼なの」と思う人はいるかもしれないですね。フランスでは、思ったことをすぐ言葉にして伝える文化が根付いているので、そのコミュニケーションの食い違いを、ハイコンテクスト文化であるアジア人は体験しているのかもしれません。

また、日本では助けが必要な人がいたら、その状況を周りが見て自然と助けてくれることも多いですよね。逆に言うと、自然と周りが手を差し伸べてくれるまで耐える文化といいますか、むしろ助けてほしい側が「助けてほしいです」と言うのを遠慮してしまう感覚があると思います。

フランスでは、助けてほしいと思ったらすぐ声に出すのが正解です。助けを求める声を無視する人はいません。周りの誰かがすぐ助けてくれます。声に出して自分の気持ちを言葉にすることがとても重要なコミュニケーションとなっているのです。

ちなみに、フランスはヨーロッパの中で比較すると、ハイコンテクスト文化寄りなので、フランス人が他のヨーロッパに住んで、私たちと同じような体験をすることもあるようです。

過去を責めないフランス式コミュニケーション

もうひとつ、私がフランスらしいなと感じているのは、過去への執着があまりないこと。日本では、過去の過ちを振り返って問題点を次につなげようとしますよね。また、生活の中で失敗が繰り返し起こった時、「もっとこうしておけば良かったんじゃない？こう考えればもっとうまくいったのに」と誰かを責めるように言いがちです。

でも逆にフランス人は、特にパートナーは過失についてあまり責めることはありません。問題をどう処理しようかという未来の方向にコミュニケーションの重きを置くのです。家庭内で私が何か失敗してしまった時も、パートナーは責めないどころか「大丈夫？」と聞いてくれることが多いです。

外出する直前に急いで準備をして、時間がギリギリになってしまった時、日本人的な感覚では「何でもっと早く準備しなかったの」と言われそうなところを、フランスの人パートナーは「Ça va? T'as besoin d'aide?（フランス語で「大丈夫？手伝いが必要？」という意味）」と聞いてくれます。決して私の準備不足や過失を責めるようなことを言ってこないんです。そういった、フランス式コミュニケーションにはいつも救われています。

私自身も、解決につながらないようなことをチクチクと言うタイプではないのですが、パートナーと過ごす中でより一層、「過去のどうしようもできないことを責めていないか」気を付けたいなと学びました。

フランス語には「tant pis《トンピ》」という言葉があり「起こってしまったことはしょうがない、次に行こう」という意味で使われます。どうしようもないことが起きた時、フランス人は「tant pis!」と言って、過去を嘆くことなく前向きに気持ちを切り替えるのです。

日本の、問題が起きないように事前にしっかり準備や対策を考えておく文化はこれからも大切にしたいですが、問題が起きてしまったら、その過ちをチクチク嘆くのではなくフランス式に、起きちゃったことはしょうがないから先のことを前向きに考えようというマインドも身につけていけたらと思っています。日本とフランスの良いところをミックスさせた、ハイブリッドで上手な生活をしたいなと思っている今日この頃です。

PART 4

子どもも
一個人として接する
フランスの子育て文化

Une culture éducative française
qui traite les enfants
comme des individus

フランス人は子育て中も自分の趣味を諦めない

私は2019年に息子を、2022年に娘をフランスで出産しました。初めての育児をフランスですることになり、戸惑いも多く、時に大変なこともありますが、現在お母さん歴は6年目を過ぎて、夫婦一緒になんとか頑張って日々を過ごしています。

自分が子育てをする側になって初めて、周りの子育て世代が目に留まるようになりました。そこで気づいたのは、フランスでは大人が子どもに合わせて生活をしているというよりも、大人の「好き」を子どもと共有している人が多い、ということでした。

例えば、自身の趣味がジョギングだった場合、子どもが小さくても一緒にその時間を楽しむ人がいます。子どもは自転車に乗って伴走したり、もっと小さい場合、〝ジョギング用ベビーカー〟に乗せて一緒にジョギングをする人をよく見かけるのです。独身時代からの趣味を子どもを理由に諦めるのではなく、自身の楽しみを一緒に共有しているのです。

もちろんフランス各地には子ども向けのレジャー施設もありますが、私が住む人口60万人規模のナントではそれほど充実していないので、普段の休日はとてもシンプルに過ごす家庭が多いです。ちなみに、フランス家庭のよくある休日の過ごし方はこのような感じです。

午前：朝はゆっくり起きてマルシェで買い物
昼食：自宅で時間をかけてゆっくり楽しむ
午後：昼寝
夕方：近所を散歩
夜：夕食のあとは家族でボードゲーム

ボードゲームを楽しむ休日

一見、退屈そうな休日ですが、こうしたシンプルで素朴な休日を好むフランス人はたくさんいます。逆に予定を詰め込み過ぎて疲れてしまう休日は好まれません。

フランスではこのようなシンプルな休日の過ごし方が日常であり、そんな休日を大人が楽しんでいる姿をみて子どもは育っていくのです。私も、このなんてことのない

ピレネーで過ごしたヴァカンス

休日が初めは退屈にも感じましたが、この過ごし方に慣れていくうちに、シンプルな暮らしの中にある豊かさを感じるようになりました。

また、フランス人は夏のヴァカンスを2週間ほど取得しますが、全ての日程を子どものためのレジャー施設で過ごすということはありません。もちろん、親自身もその夏休みを楽しむわけですから、旅行先を選ぶにも大人も楽しめる場所でなければいけないのです。

私たち家族は毎年のヴァカンスは地中海沿いの街かピレネー山脈に行くことが多いです。子どもたちに楽しんでほしいという気持ちもありますが、何より親の私たちがその場所にいってリフレッシュしたいからです。

山をハイキングする際には登山用ベビーキャリーといって、20キログラムぐらいまでの子どもを背負える専用のリュックサックがあるので、子どもが小さいうちは登山用ベビーキャリーで子どもと一緒にたくさんのハイキングを楽しみました。息子の体力がついてからは、半日ほどのハイキングを一緒に楽しんでいます。

また、フランスに来てびっくりしたことのひとつが、レストランでの席の配置です。例えば、友人家族と外食に行った際、皆さんは大人と子ども、それぞれどのような席の配置になりますか？　日本だと周りへの配慮もあるので、それぞれの子どもの隣に大人が座ることが多いと思います。

しかし、フランスでよく見かけるのは、例えば8人掛けの席（大人4人、子ども4人）だったら、大人は大人、子どもは子どもに分かれて座るのです。もちろん赤ちゃんの場合は別ですが、3歳くらいの子どもであれば子どもグループに入れて、大人は大人同士で食事を楽しむのです。

フランスでは高級レストランは別として、基本的には子連れに寛容なので、こういったスタイルで食事が楽しめますが、これも「どこにいたって自分も楽しむ！」というフランス人精神の表れだと思います。

赤ちゃん返りしない秘訣

2人目の子育てをする時によく耳にするのが「赤ちゃん返り」です。

我が家の場合、下の娘が生まれた時、上の息子は3歳でしたが、赤ちゃん返りはほとんどせず、娘が5カ月の段階では、むしろ私たち親の立場と自分も一緒だと思って、息子は娘に接していました。

こうなれたのは、フランスではスタンダードな接し方「小さな子どもでも、子ども扱いせずに1人の人間として扱う」ことを意識してきたからではないかと思います。

「赤ちゃん返り」は、大人との境をはっきり分けて子どもとして接していると、弟妹ができたときに自分のその「子どもポジション」が奪われてしまうという不安から来ている、というのも要因のひとつにあると思います。

我が家では、私もパートナーも息子も、皆互いに平等に接するようにしてきました。最初からあまり子ども扱いしてこなかったことが功を奏したのか、娘が生まれた時に、私たちが娘を世話するのと同じように、息子も妹のことを気遣ってくれました。

例えば、子どもに「早く寝よう」と声をかける時、子どもが「なぜお父さんやお母さんはまだ寝なくてもいいの？」と聞かれたとします。こういう時に私は「お父さんたちは大人だからいいの」というような答え方をしません。例えば「君たちはこれからどんどん大きくなるけど、そのためにたくさん寝ないと大きくなれないんだよ」と、子どもが納得できるように話すことを心がけています。

食べ物に関しても同様で、「大人だから食べて良いんだよ」といった、「大人だから」という言い分は、子どもにとっては理不尽な答えなので、納得はできないのではないかと思います。

我が家では、夕食の時に音楽を流すのが習慣になっていますが、それぞれが好きな音楽があるので何曲かずつ交代でかけるというルールにしていて、大人も子どもも関係なく、対等にするよう心がけています。

そして、もうひとつ、効果的だったと思うのは「普段からお父さんとの時間をたくさん共有する」ということです。

2人目が生まれた時に授乳などでお母さんが下の子につきっきりになった時に、お父さんがその分をカバーして、上の子にとっても「自分にはお父さんがいるから寂しくない」という状況があれば、赤ちゃん返りすることは少ないのかなと思いました。つまり、「自分のことを大好きでいてくれる人がいる」という事実が無意識に感じられる状況であれば、下の子に嫉妬《しっと》するということが少ないのでしょう。

結局、上の子自身が自分にどれだけ自信を持つことができるかっていうことが大事なのだと私は思います。

我が家は、子どもたちは今のところ自己肯定感がとても高く育っているなと感じていますが、その背景にあるのは、お母さんもお父さんも、そしておじいちゃんおばあちゃんも含めて周りの人が自分のことを大好きでいてくれるという安心感に満たされているから。そういう環境が自信につながっているから、下の子に嫉妬する必要もなくなるのだと思います。

お父さんと過ごす時間を積極的に作るのが大事

「外国人」を経験して理解した子どもの表現

人に自分の思いを言葉にして伝えることは、社会生活を送る上で大切なことです。仕事でも日常生活でも、人とのコミュニケーションがうまくいくかどうかは、自分の考えや感情を適切に言語化できるかにかかっています。たとえ母国語だとしても、コミュニケーションが苦手な方の中には、その「言語化が難しい」という方もいらっしゃるでしょう。

子どもならなおさら、親に伝えたい気持ちがあって言葉にしても、それが適切に表現されているとは限りません。ですので、子どもが発する言葉の後ろに隠されているものを親が汲み取る力がとても大事だと感じています。

それに気づけたのは、私がフランスで「外国人」として生活しているからです。フランス語という自分の母国語でない環境で日々コミュニケーションを取らなければいけなくなったことで、自分の気持ちをきちんと言語化できないもどかしさに直面したのです。

悲しさや苦しみの感情がいっぱいにたまり、でもそれが周りに伝わらない時、人はどうなると思いますか。私の場合、それは涙となって溢れ出てきたのです。そしてこの状況が、まだ言葉できちんと説明できない子どもの環境と一緒だと気づいてから、子どもの気持ちに寄り添うことができるようになったのです。

私の場合、日本語は自分の思いと言葉が合致して、95～100%ぐらい思いを言語化して表現できていると感じます。しかし、フランス語に関して言えば、日本語レベルまでは到達できておらず、おそらく70～75%ぐらいのレベルでしょう。

外国人としてフランスで暮らしてきて、言葉の違いで多くの苦労を経験してきました。言いたいことはたくさんあるのにうまく説明ができなかったり、本当の思いと違うように伝わってしまったり、「心のうちにある思い」と「口から出てくる言葉」が食い違ってしまうことも数え切れないほどありました。「本当はそういうことを言いたいんじゃない。だけど出てくる言葉がそれしかない」という状況は、外国人あるあるなんですよね。

そういう苦い経験があるからこそ、フランス語の勉強をもっと頑張ろうと思うわけですが、子どももきっと、そういう「歯がゆい」思いをしているのかなと。まだ成長の途中だから自分の思いと言葉がリンクしていないわけです。

パパが大好きな子どもたち

子どもとのコミュニケーションにおいて、自分が感じた言語化することの難しさを、子どもも体験していることに気づいた出来事がありました。

ある時、夕食の時間の前にパートナーと息子がカードゲームで遊んでいました。そのゲームが息子はとても好きで、夢中になってやっていたのですが、「夕飯ができたよ」と声をかけると、息子は「お腹すいていない」と返してきたのです。

これはおそらく「まだゲームがしたい」という思いが裏側にあったのでしょう。というのも、体調が悪いわけではないし、時間的にもお腹がすいていないはずはないのです。だから、本当はごはんを食べるよりも、カードゲームで遊び続けたいから出てきた言葉が「お腹すいてない」ということだろうなと気づきました。

そんな時に「そんなこと言わないで食べるよ」と、出てきた言葉に対して反射的に返すような会話をすると、うまく物事が進まないことが多いのです。この場合、子どもの言葉の裏に隠された気持ちに気づいて「もっと遊びたいよね？　じゃあ先にごはん食べて、時間があったらまた遊ぼう」と提案することで、スムーズにことを運ぶことができます。

子どもの言葉の奥にある本心がわかれば、「ごはんを早く食べられたら、そのあと余った時間でまたゲームができるよ」という声かけができるし、実際、私がそう促したらすぐにごはんを食べてくれました。

子どもは自分の気持ちをきちんと言語化して伝えることがまだできないので、親がその言葉の後ろにある思いを汲み取らないといけない、そう気づくことができたのです。

私はフランスで暮らすうちに、相手の言葉にできない思いをより汲み取れるようになったので、それが子育てに役立っていると感じています。

ちなみに、フランス人は小さい時から自分の思いを言葉にする訓練をたくさんしながら育ちます。幼稚園の段階ですでに先生から「あなたはどう？　あなたの意見をちゃんと自分の言葉で言ってごらんなさい」という訓練をされ続けるのです。その訓練によって、フランス人は自分の思いと言葉をちゃんとリンクさせて、言語化が上手になっていくのでしょう。

このようにフランス人の言語化能力は高いですが、汲み取る力は日本人のほうが高いと常々思っています。例えば、私のように外国人を相手に会話していると、フランス人は私が喋った言葉そのままだけを拾って表層的なところしかとらえないということが度々ありました。言葉の表面しか拾わない人はフランスではよく見かける気がします。

つまりフランス人はどちらかというと、聞く力より話す力に重点を置いていて、話す側が適切に状況を伝えなければいけない場合が多い。日本人は反対なのかもしれませんね。

フランス的な「自分の思いを話す力」と日本的な「思いを汲み取る力」、どちらも人と関わって暮らしていく上では大切で、どちらともバランスよく身につけていきたいとフランスに来てからより強く思うようになりました。

バイリンガル教育において大切なこと

我が家の子どもたちは、日本語とフランス語をどちらも話しています。ただ、やはりどちらかと言えば、2人ともフランス語で話すほうが多く、上の子の場合はフランス語で考えてフランス語で話すことがメインになっています。もちろんフランスに住んでいる以上、それでいいと考えています。

それは、子どもがいろいろな言語を習得する時、やはり母国語、つまり第1言語をきちんと習得することがとても大事だと私は思っているからです。

これから成長して、将来社会に出ていく時に子どもたちが「自分で考える力、論理的に話を組み立てて、それを人に伝える力」というのは、どういう分野に進むにせよ、軸になります。ただ、第1言語の母国語がきちんと習得できていないと、その力がしっかりと構築されず、自分の言葉で話が組み立てられなくなってしまうのです。

以前、日本に住んでいる子どもの場合、何歳で海外留学をさせたら一番英語の習得が早いかという研究結果を目にしたことがあります。何も情報がなければ、早く行けば行くほど英語の上達が早くなるのではと考えてしまいますが、実際には、5～6歳の幼児期と9～10歳の学童期の子どもを同じように英語圏の国に留学させて、英語の上達においてどちらが早いかを比べると、学童期の子のほうが上達が早いという結果が出ていました。

これは、そもそもその母国語できちんと文法が使えたり、ある程度、論理的に話ができる基礎が組み上がってから他の言語を学ぶほうが、習得が早いということを示しています。

うちの子どもたちも日本語とフランス語を話しているけれども、最終的にはどちらかの言語は100%しっかりと習得してほしいと思っています。それがフランス語になるのか日本語になるのかはまだわかりません。ただ、今はフランスに住んでいる状況なので、今後一時的に日本に何年かは住むかもしれないけれども、フランス語が第一言語になる可能性は高いだろうなと感じています。

日本語は私や日本の家族と話がスムーズにできるぐらいには理解できて、ビジネスでも困らないレベルぐらいになってくれたらうれしいけれど、まずはしっかり第一言語の習得を優先してほしいです。

まずはフランス語が完璧になるように教育して、彼らが自分たちの人生を幸せに過ごせるように準備してあげることが親の務めであると思うのです。

一番避けたいのは、どちらの言語も中途半端になってしまうことです。例えば、フランス語は80％、日本語も60～70％という状態では、そもそもの自分自身で考える力が身につかないからです。

今のところ、日本語のレベルをあとどれだけ上げられるかというところは、私の肩にかかっているので、頑張らなければと思っています。

フランスの在宅保育は「預ける側」も「働く側」もウィンウィンな関係

フランスで子育てをする上で、とても優れた制度があります。それが、我が家でもお世話になっているフランスの在宅保育、アシスタント・マテルネルというものです。

アシスタント・マテルネルとは、国が指定する制度に則った在宅保育をしている人を呼びます。3歳までの子どもであれば、3人まで同時に自宅で預かることが可能です。アシスタント・マテルネルになるには、国が指定する講座を120時間受け、預かり場所となる自宅のチェックを受ける必要がありますが、保育士になるのと違って、学士（ディプロム）を取る必要がないので比較的簡単になることができます。

フランスでは3歳から義務教育が始まるので、共働きが多いフランスの家庭では子どもが3歳になるまでの期間は基本的には保育園に預けます。しかし、ナントのような子育て世代の多い地域では保育園に入れないことも多く、その場合は自宅近くのアシスタント・マテルネルを自ら探さなくてはなりません。

2019年のデータではアシスタント・マテルネルの平均年齢は48・2歳で、子育てを終えた主に40～50代の女性が多く活躍しています。ちなみに、男性のアシスタント・マテルネルの割合は全体の0・6％です。

また、ナント市のアシスタント・マテルネルの平均時給は子ども1人当たり7・38ユーロ（約1211円）ですが、その半分は国から支払われるため、子どもを預ける側の家計負担軽減にもつながっています。

つまり、フランスの在宅保育制度は国が半分費用を負担することで保育園に入れなかった家庭への子育て支援にもなっているし、また年齢や学歴がハードルになって正社員に就くことが難しい女性への職業支援にもなっていて、「預ける側」も「働く側」にもウィンウィンな関係を作り上げているのです。

アシスタント・マテルネルに子どもを預けるメリットとしては、「個人とのやり取りなので融通が利きやすい」こと、そして保育園と違い子どもを集団で預からないので「感染症に比較的かかりにくい」ことなどが挙げられます。

またデメリットとしては、「それぞれのアシスタント・マテルネルに能力の差があるので（子どもとの相性も含めて）当たり外れがある」「保育料が保育園よりも3割ほど高い」「アシスタント・マテルネルの個人的な用事・体調不良など

フランスの保育制度アシスタント・マテルネル

で突然休みになることがある」などがあります。

ですから、地域のコミュニティーでの情報交換は大切で、現在我が家の第二子を預けているアシスタント・マテルネルは近所の友人家族が以前お世話になっていた方で「とても子ども思いで預けて良かった」とおすすめされて、実際に子どもを預けるずいぶん前から彼女に話を通していました。

子どもの送り迎えはたいてい近所の公園で待ち合わせとなることが多いのですが、同じ地域の他のアシスタント・マテルネルもそこで子どもを遊ばせているので、それが他の保護者や地域の人と関わる時間になっています。

また、フランスでは水曜日は学校が午前のみ、もしくはまる1日休みのところが多いので、水曜日だけ子どもを幼児期にお世話になったアシスタント・マテルネルに預けている家庭も多いようです。

公立幼稚園の先生の働き方は日本と大違い

フランスは学校にもよりますが、7月上旬から9月頭までの約2カ月間が夏休みとなります。日本だと地域にもよりますが、おおよそ7月下旬から8月末までの1カ月と少しの期間だと思いますので、フランスは本当に夏休みが長いなと感じます。

そんな長い夏休みですが、羨ましいことにフランスには夏休みの宿題がありません。夏休みの宿題は、親も丸つけをしたり、日本だと朝顔を枯らさないように面倒を見たりと親が介入しなければならないことが多くて大変ですし、先生たちも提出物をチェックするために時間を取られると聞いたことがあります。フランスは、こういう点では日本ほどこまめな対応がなく、ゆるさがあると感じています。

例えば、日本の幼稚園や保育園では「連絡帳・おたより帳」という形で、その日のごはんの進み具合、お昼寝、遊びの様子などを先生が書いてくれますよね。以前、日本に一時帰国した際に、少しだけ幼稚園に通わせたことがあるのですが、その時もメモを渡してくれて、ここまでしてくれるのかと驚きました。

フランスの幼稚園は、こういったおたより帳はありません。ですので、先生方に伝えることがある場合は口頭でお話しし、子どもをお迎えに行った時にも様子がどうだったという話は基本的にされません。2歳までの子どもが通う保育園ではお迎え時に先生が口頭でその日の様子を教えてくれます。

その日に給食で何を食べたのかというのは、市のホームページで確認できるのですが、実際に何をして遊んだのかは、子どもに直接聞いています。「今日は幼稚園で何やったの？」「何食べたの？」「どれがおいしかった？」といった話をひとつひとつ聞いていくのが、フランス家庭での夕食時の会話ルーティンなのです。

我が家では、話してくれる日もあれば、面倒くさくなったのか「わかんない」と言われることも多くて、毎日根気強く聞いています。

他にも違いはあって、フランスの幼稚園に子どもを通わせてみて保護者の立場から思ったのは、日本と比べて、先生の労働環境が恵まれている、ということです。

公立の幼稚園では、先生は朝8時半から夕方5時頃まで働き、お昼には1時間半ほど休憩時間があります。お昼の時間には、市から派遣される学童保育の人が子どもたちの面倒を見てくれるので、先生たちはしっかり休憩を取れるというシステムになっているのです。

さらに、毎週水曜日は午前のみの幼稚園がほとんどで、市によっては、水曜が丸々1日休みのため、小学校も含めて週4日しかない地域もあります。ですので、フランスの教職員は週4〜4・5日勤務が当たり前なのです。ちなみに、我が家では水曜も夫婦ともに仕事をしているので水曜の午後は子どもを学童保育に通わせています。

そして、冒頭で話した夏休みをはじめ、長期休暇が多いのもフランスの特徴です。夏休み2カ月、秋休み2週間、クリスマス休暇2週間、冬休み2週間、春休み2週間、そして5月の祝日が3日間と、先生たちもお休みになります。

一方、日本の教職員は本当に休む時間がないと聞きます。先ほど挙げた夏休みの宿題のチェックもそうですし、昼休憩も生徒の面倒を見ながらになります。

また、部活動なども本来の教職員の業務かどうかと言われると疑問は残ります。そう考えると日本の先生たちは待遇改善をもっと声高に訴えてもいいのかもしれないと思ってしまうほどです。

フランスではお昼にはしっかり休めて、夕方4時半になれば、子どもたちは帰るか、もしくは学童の迎えがあるので、5時頃には仕事終わりとなります。
改めて考えてみても、フランスの教職員は勤務時間の面では条件がいいと感じます。お給料面では、他の業種と比べて高いわけではないですが、休みが多く、公務員で安定しているのは魅力的です。

「移民」の立場で考える多様性

今、息子が通う幼稚園には、移民が多い地区ということもあり、本当にさまざまなバックグラウンドを持つ子どもたちが集まっています。肌の色、髪質、目の色など、見た目の違いだけでなく、考え方や価値観まで実に多種多様です。アラブ系の家庭の子、アフリカ系の家庭の子もおり、幼稚園全体で見ると、約90%が移民の家庭の子どもたちです。

そんな環境では、驚くほど「当たり前」が違います。ある家庭にとっての常識が、別の家庭ではまったく異なることもしばしば。それだけ多様な背景を持つ子どもたちが集まっていると、そもそも誰かを基準にして優劣をつけるという考えが、成り立たないように思えるのです。

それぞれの子どもには、それぞれの「正解」があって当然。比較する必要なんてありませんし、比べること自体が意味をなさないのです。この幼稚園では、「違うこと」が当たり前であり、それこそが美しいことなんだと、日々教えられています。

フランス統計局のデータによると、フランスには約700万人の移民が暮らしています。フランスの全人口に対しておよそ10人に1人が移民です。ちなみに日本に住んでいる外国人の数は約267万人（日本人口の2・1%）と、全人口に対する外国人の割合を比較すると日本はフランスの1／5です。

このように、フランスでは外国人ルーツの人の比率が高いので、外国人の1人である私は日常生活において疎外感を感じることはあまりありません。

地区によってはさらに移民比率が高く、現に私の住んでいるエリアは人口の半分以上が移民で構成されています。

正直なところ、移民の多い地域は他と比べて治安が悪いのですが、その分行政が地区の改革に力を入れています。私が住んでいるエリアは郵便局、図書館、児童館、市の出

フランス・ナント市の街中にあるゴミステーション

張所などの公共施設がいくつもあり、それに加えて24時間出せる公共のゴミステーションも完備されているので住みやすいです。

日本でも都心部では外国人を見かける機会は多いですが、観光地以外の郊外や地方に行くとあまり見かけることはありません。現に、私が育った埼玉の小学校から高校にかけての同級生数百人のうち、外国人は1人もいませんでした。ですから、当時はみんなの「当たり前」はほとんど同じでしたし、今フランスで感じているような多様性を学ぶ機会はまずありませんでした。
日本にいた頃は、良くも悪くも皆似たような価値観だったので、周りと違うことをすること、グループから飛び出ることを良しとされていない文化に少し窮屈さを感じることもありました。でもその分、チームとして働く時の力強さ、集団力は素晴らしかったと思います。それぞれの国民性で強みがあるのだと今は思っています。

個人的には、このようなさまざまなルーツを持つ子たちが集まる幼稚園に通うことは「世の中にはいろんな人がいるんだ」という多様性を学ぶためにはプラスの経験になるだろうと思っています。

私立のカトリック系の学校に行くと、逆にほとんどの子たちは教育熱心な家庭出身の白人という環境になるのでどちらがいいというわけではないですが、地元の公立の学校から身をもって学ぶ多様性は貴重だなと思っています。
ただ、自分たちの常識では考えられないような問題が発生することも時々あり、仲良くしていた友達が学校トラブルを機に私立の学校に転校してしまうということもあり、我が家でもパートナーと転校させるべきかを話し合ったことがあります。

このような民族間で「分断」が起きてしまうのは悲しいことです。特に、今は世界の各地でさまざまな分断からの対立が起きています。

子どもたちがお互いどこのルーツなのかということは関係なく、みんな本当に楽しそうに遊んでいるのを目の前で見ると、その多様性を自然に受け入れられる環境で育っていけば、未来も変わってくるのではと思わずにはいられません。

日本は「他人に迷惑をかけてはいけない」がいき過ぎてないか?

以前、子どもを連れて日本に帰国した時の動画をYouTubeで公開すると、「ただでさえ寝られない飛行機の中なのに、長距離のフライトに赤ちゃんを連れて乗ってくる人は迷惑だ」という好意的ではないコメントがついたことがありました。

調べてみると、そういう話で揉めることは日本ではよくあることのようでした。「ベビーハラスメント」なんていう言葉もあるらしく、私は大変驚きました。

正直、そんなことを言っているのは、日本人だけなのではないかと怒りにも似た気持ちを覚えました。もちろんフランスには「赤ちゃんが他人に迷惑をかける」なんていう表現が存在するはずもなく、誰しもが利用できる公共の場で赤ちゃんを連れた家族よりも他の人たちを優先しなければならない理由は何なのかと疑問に思います。

仕事で飛行機を使う方もいれば、遠いところの家族に会いに行く理由で飛行機を使っている方もいるかもしれない。そういう時に、仕事の人が優先されるべきとは私は思いません。

確かに、赤ちゃんが公共交通機関で泣き叫んでいるにもかかわらず、その親が何もせずに放置して周りに迷惑をかけているという状況だったら、周りの方への配慮が足りていないかもしれません。「赤ちゃんは泣くんだからしょうがないでしょ」と言って、何もせずにふんぞり返るような保護者の態度は私も違うと思います。

ただ、赤ちゃんは何をしても泣き止まない時もあるし、赤ちゃんにとっても他の乗客にとっても飛行機の中はストレスがかかる環境と言えるでしょう。だからどちらも配慮し合うべきなのではないかと思います。

お互いに周りの人にリスペクトを持って行動し、持ちつ持たれつで優しく接することができる社会になってくれたらいいなと、残念なコメントを読んで思ったわけです。

この「他人に迷惑をかけてはいけない」という考え方は実はとても日本的だと、海外に住んでみてしみじみ思います。

フランスはどちらかと言えば、「他人がどう思うかよりもまずは自分がどうしたいか、を優先する」というお国柄。そして生きていく上で誰かの迷惑になることはあるし、それはお互いさま。特に子育て中は周りに迷惑をかけてしまうことも多いです。しかし、だからと言って邪険に扱われることはないし、誰しもが通ってきた道なのだからと、温かく接してもらえることが多いのです。

他人に迷惑をかけてはいけないという考え方は、日本では美徳とされています。私はこの考え方が良い面もあるし、そうではない面もあると思っています。

良い面は、他人を尊重したり、他人を思いやる気持ちにつながってるということです。でも、反対に他人に迷惑をかけてはいけないという思いから、自分の意見が周りと違った時に口に出せなかったり、言えなかったことがさらに自分を苦しめたり、大勢の意見に合わせてしまって自分の存在をないがしろにしてしまうということもあるでしょう。

この他人に迷惑をかけてはいけないというのは自分自身をポジティブに律する意味で

使うのはいいのですが、それを他人に押し付けるのは違うと私は思っています。ましてや、子どもや障害を持っている方など、社会的な弱者に押し付けることではないと思うのです。

本来あるべき他人を思いやる気持ちが忘れ去られてしまって、最近では他人に迷惑をかけてはいけないという考えが独り歩きしてはいないでしょうか。

子育てするなら〝ちょうどいい田舎〟がいい

1章でも書きましたが、私は今の状況（パートナーと子どもが2人の4人家族）であれば、今、住んでいるナントは本当にちょうどいいと考えています。

私自身の住まいの変遷としては、もともとは埼玉の郊外育ちで、大学の途中からは都内に住んでいました。トータルで東京に8〜9年ぐらい住んでいましたが、東京の23区では小学校から塾に通うのが当たり前だと聞きますし、のびのびと子育てするのはなかなか難しい、ということを東京で生活するうちに感じました。

ナントの川沿いの風景

例えば、子どもがいない環境であったり、仕事をバリバリしたいということであれば、パリや東京のような大都会の方がいろいろと都合が良いでしょう。でも、子育てをしながら住むには、ナントは職場まで遠くても自転車で20〜30分ぐらいという距離感で生活している人が多く、人の数も、街の大きさも本当にちょうどいいのです。

ナントに限らず、フランスでは割とどこの街でも同じように、自転車で10分ぐらい行くと緑溢れる風景が広がっています。大都市であるパリでさえ、大きな公園があちらこちらにあり、いつでも自然を感じながら散歩ができる環境なのです。

以前、我が家は2泊3日で走行距離100キロほどの自転車の旅に出たことがありますが、ものすごく充実していて楽しい旅になりました。そういうことが気軽にできる環境が当たり前で、子どもにとってはそうやって自然と親しみながら学んでいくことが幼少期に多く経験できるわけです。

そして、ナントの良さは、都市と自然のバランスがちょうどいい街であるということ。人口が何千人程度の小さな街だと自然は確かに周りにたくさんあるでしょう。しかし、そういう場所は、小規模ならではの「みんな知り合い」であることによる人間関係の難しさを耳にするし、そもそも私自身はそういった環境で暮らしたことがないので、うまく立ち回れないだろうと思います。

それと、人が少な過ぎると、多様性を学ぶ機会が失われてしまうこともあるでしょう。ある程度の人がいて都市としての機能も成り立っているのだけど、自然環境が豊かであるというのが子育てする上での私の理想であり、そういう点でナントはとても住み心地がいいと思っています。

アートの街ナント

フランスに住み子育てをして改めて思ったことがあります。

いくら勉強ができても、いくら博識でも、それだけでは社会を生き抜いていく力が十分だとは言えません。自分の子どもには勉強だけではなく、社会性やコミュニケーション能力、ひいてはサバイバル力みたいな「どこにいてもたくましく生き抜いていく力」を養ってほしいと思っています。それを子どもの感受性が豊かな時に机の上の勉強だけじゃなく、さまざまな体験から学んでほしいなと思っています。

子どもがいても、夫婦2人だけの時間を持つ大切さ

フランスで子育てをする中で感じる日本との違いのひとつは、子どもがいても夫婦2人だけの時間を定期的に設けている人が多い、ということです。

日本では、子どもが生まれると生活は子ども中心になり、夫婦2人だけで過ごす時間を取る人は少ないように思います。例えば、夫婦で出かける際に子どもを預けることについて、「仕事ならまだしも、遊びのために子どもを預けるなんてとんでもない！」という意見もあるでしょう。

日本での夫婦関係は子どもの誕生をきっかけに大きく変化し、それまでの「男女」の関係から「父と母」という役割に徹しなければならないような風潮があるように感じます。例えば、女性は子どもを持つと「母親らしい」格好や振る舞いをするべきだという考えもあります。こうした考えが、子どもを持つ親の行動や思考を無意識のうちに制限しているのだと思います。

しかし、フランスでは、女性は子どもを産んで「母親」になっても「女性」でもある

ということです。育児しやすい「子どものための服」ではなく、親になっても「自分の着たい服」を着るのです。独身時代と変わらずおしゃれを楽しみ、パートナーとのデートにも出かけます。

我が家では夫婦ともに在宅勤務をすることが多いので、週に2～3回は2人だけで自宅や外でランチをします。子どもが寝たあとは、就寝時間まで夫婦で映画を見たり、それぞれの時間を過ごしたりします。

夫婦の記念日には、子どもを友人やベビーシッターに預けて、2人だけでディナーを楽しむこともあります。学校の春休みや秋休み期間には、子どもを義両親の家に預けて、まるでカップル時代に戻ったかのような2人だけの日々を過ごすのです。

夫婦2人の時間を大切にし、関係を良好に保つことが、家庭の明るさにつながり、子どもにも伝わっていくのです。これがフランスの夫婦、家族の在り方なのです。

義両親に子どもを預けて夫婦デート

良好な夫婦関係を築くために2人だけで過ごすことに加えて、「お互いを褒める習慣を作る」ことも大切です。私はいつもすっぴんにラフな格好で自宅で仕事をしていますが、時々お出かけの際におしゃれを楽しみます。そんな時、パートナーは必ず「かわいい！　きれいだね！」と褒めてくれるのです。

人は褒められるとうれしいですし、もっとおしゃれを楽しもうと思いますよね。こうした褒める習慣は人を徐々に前向きに、明るい気持ちにしてくれると思います。そのため、私も（頻度は彼より少ないですが）彼の良いところを見つけて褒めるよう心がけています。

褒められたいと思ったら、まずは自分から相手の良いところに目を向けて褒めてみる。その習慣が自分にもいずれ返ってきて、良い夫婦関係、家族関係につながると私は信じています。

PART 5

小さな幸せの掴み方

Comment trouver le petit bonheur

パートナーの言葉で気づいた「当たり前」の幸せ

私はフランスに来た当初、現地の大学院で建築を学びながら、日本とは異なるフランスの暮らし方を体験し考察していくという大きな目標を掲げていました。

しかし、最初の数年は、フランス語の授業についていく過酷さ、言葉の壁、文化の違い、そしてジェネレーションギャップに直面し、本当に苦しい思いをしました。さらに、同時期に出産と育児も重なり、想像以上に大変な日々でした。

気持ちがいっぱいいっぱいになり、悲観的な気持ちでパートナーに泣きながら打ち明けたことがあります。「大学の授業も大変だし、フランスの生活も日本と違って思い通りにいかなくて、つらい」と。すると彼は「住む家があって、ごはんも不自由なく食べられて、温かい布団で寝られて、何を君は嘆いているんだい」と言いました。

その時私は、ムッとしました。暮らしが整っているのは当たり前のことで、私はもっと高みを目指してフランスに来たのだと、もっと意義のあることを学びに来たのだ、と思っていたのです。

何気ない家族との日常を大切にしたい

しかし、それから数年が経ち、時々彼の言葉を思い返すことがあります。

休日にマルシェに行って、家でちょっと豪華な昼ごはんを食べて、お昼寝をして、夕方に近所を散歩して。特に変わり映えのない日々。それに幸せを感じるようになった今、日々の整った暮らしがあるからこそ、健やかに過ごすことができる。この当たり前の暮らし以上に大切なものはないのだと、思うのです。

彼がくれた言葉は、自分を前向きに進めるためのヒントだったと今は思えています。今ある環境に感謝することで、より幸福度が高まるのではないかと感じるようになったのです。

もちろん、現状維持に留まらず、より良い未来に向かって努力を続けることは大切です。時に壁にぶつかって苦しむこともあるでしょう。でも、そんな時に彼の言葉を思い出します。ごはんが食べられて、家があって、今の状況でも自分は幸せなのだから、悲観的になる必要はない、ただ前に進めばいいのだと。

日々の生活の中で「今、とっても幸せだなぁ」と感じる瞬間が私にはたくさんあります。慌ただしい生活を送る中で、見落としがちな何気ない日常の幸せは意外に身近にあるものです。

朝起きて朝日が昇る瞬間を見ている時。フランスは日の出が遅いので、特に早起きしなくても年間を通して朝日を見ることができるのですが、いつもと変わらない日常生活の中で朝日が昇る瞬間の朝焼けの空を眺めている時に、幸せを感じます。

そして、家族や友人とおいしいごはんを食べている時。贅沢なものでなく素朴なものでもなんでもいいのですが、自分の好きな食べ物を大好きな人たちと食べている時は幸せです。

次に家族で散歩している時。季節の移ろいを感じながら散歩している時は一瞬ごとに、心が浄化されていくような気分になります。お風呂に入っている時やベランダにリクライニングチェアを出してそこで昼寝しつつ空を眺めてボーっとする時間もすごく好きです。パートナーが子どもたちと遊んでいるのを見るのも幸せだなと思うし、それから子どもが寝ているその寝顔を見るのも心が癒やされます。

お金を稼ぐこと、経済的な豊かさが幸せであるという価値観ももちろんあるでしょう。そういうことは数値で測れるだけに、どうしても他人と比較してしまいがちですが、私が思う幸せであることは、決して数字で測れるものではありませんし、誰かと比べられるものでもありません。

もちろんお金を稼ぐことは大事だし、それがないと生活できないわけですから必要な手段ではあるのですが、それが幸せの基準になるのは違うのでは、と私は思っています。

この「他人と比較しない」ということは、フランスで学んだ大きな点です。幸せかどうかの基準は自分自身で決めるものであり、他人と比較して自分の幸せの定義を決めてはいけません。人によっては毎年の海外旅行が幸せと感じる一方で、私のように、毎日の朝日を浴びる瞬間に幸せを見出す人もいるのです。

そう、幸せの在り方は人の数だけ存在するのです。

自分を軸にした、フランス流幸せの形

フランスでは年齢を重ねても溌剌《はつらつ》とした人をよく目にしますが、その背景には「今、自分は幸せか」という意識があるのだと思います。

フランス人は長年のキャリアを捨てて数年の船旅に出かけたり、子どもが小さくても愛のない夫婦関係を潔く終わらせたりと、一度きりの人生で「自分が幸せになるための努力」を惜しまないのです。家族愛に溢れたフランス人はよく見かけますが、やはり個人主義のフランス。「自己犠牲を前提とした家族への愛」ではなく、あくまでも「自分の幸せ」が人生の中心にあるのです。

フランス人と議論をしていると、「あなたはどう思う？」とよく聞かれます。フラン

スでは、他人の意見に合わせて調和を図るよりも、自分の意見を持つことが重視されています。そのため、意見を求められた時は、忖度《そんたく》することなく、素直に自分の思いを伝えて良いのです。

相手と異なる意見を述べた時、「私はこう思うけど、あなたは違う意見なのね」と言われてそれで終わりです。自分の意見を述べても、それを相手に押し付けることはありません。それぞれの考え、価値観が異なるのは当然のことなのです。

他人と比較せず、他人に流されず、自分自身の心と向き合って生きることは、決して簡単なことではありません。しかし、フランスでの暮らしの中で、こうした姿勢こそが本当の幸せへの近道なのだと実感するようになりました。

社会や他人からの期待に縛られることなく、自分が何に喜びを感じ、何を大切にしたいかを考え、それに従って生きることが、人生を豊かにし、心を軽やかにしてくれるのです。

フランスでは、幼い頃から「皆違って当たり前」という価値観を教えられます。多様性を自然と受け入れる環境の中で自分を大切にし、他人との比較にとらわれない生き方は、真の幸せと自由をもたらしてくれるのだと思います。

「経済的な豊かさが全てではない」と教えてくれた父と母

私の父は開業医で、母は専業主婦でした。

父は62才と早くに亡くなりましたが、割と亭主関白なところがあり、そしてまじめでしっかりした人でした。基本的に家計の管理は全て父が行ない、私は5人姉妹だったので、母は子どもの世話でさぞ忙しかったことでしょう。

そんな両親の姿を見て育って来た私が今、思うのは、2人とも「贅沢に無縁の人だった」ということ。

私が覚えている父の日課は庭掃除や家の整理、メンテナンス。趣味という趣味は持たずに、ずっと家のことをやっていました。身につけているもの、持ち物はほとんどホームセンターで買ったものだし、62才で亡くなるまで「必要ない」と言って携帯電話を一度も持ちませんでしたし、とてもアナログな人だったので患者さんのカルテなども全て手書きでした。

おそらく父が稼いだお金のほとんどは子どもの教育費で消えていたのだと思います。

教育に関しては、惜しみなくお金をかけてくれました。塾に行かせてもらったり、私立の高校に行かせてもらったり。留学は学生時代に機会がなかったので行きませんでしたが、行きたいと言えば「いいよ、行っておいで」と応援してもらえただろうと思います。

子どもたちの教育にはお金をかけてくれたものの、本人が贅沢しているという姿はほとんど見たことがなく、父が最後に乗っていた車は国産の中古車で、そういう部分にまったくこだわりのない人だったように思います。

ブランド物にも本当に無縁で「そんなものにお金を使ってもしょうがない」というタイプの人でした。これは母も同様で、私が大学の入学式に「スーツが必要なので買ってほしい」と頼んだところ、母に連れて行かれたのは「ファッションセンターしまむら」でした。

スーツの値段は驚きの3980円。その時は、せっかく大学生になるのに〝ちゃんとしたスーツ〟が着たかったと思っていましたが、結局のところ大学の4年間、予備校のアルバイトで着倒したので結果オーライでした。

そんな環境で育ったおかげか、私自身も「お金をかけずとも幸せな生活を送るヒント」

を両親の姿から学んだ気がしています。

「とても堅実な父と見栄を張らないマイペースな母」、こんな両親に育てられたことで、私もあまりお金やブランド品に執着するような考えにはまったく至らずに育つことができたのです。

そして、それは今のフランス生活にもつながっていて、フランスという国もそういう価値観の人が多いように思います。ブランド物を身につけるにしても、自分をより引き立てるためのアイテムであって、あくまでも、輝くのは自分自身であるべきという考えなのです。

そして不思議なもので、似たような価値観を持っているパートナーと出会えたことも感謝しています。

私の両親、そしてパートナーと彼の家族にも共通することは「人生における幸せとは、何か特別なことに溢れた生活ではなく、シンプルな暮らしの中にある」ということを知っている点です。お金をたくさん使わずともちゃんと心豊かに生活ができていると思うのです。

もちろん生活していく上でお金を稼ぐことは大事ですが、そのお金の使い道というのが私にとってはより大事なのです。自分や家族が幸せになるため、明るい未来のためにお金を使うのは賛成ですが、周りに見栄を張ったり、マウントを取ったり、そういうことのためにお金を使うのは本当にもったいないと感じます。

自分の「好き」で囲まれた心地よい暮らし

自分の気持ちに正直なフランス人に囲まれて暮らす中で、自分の「好き」を見つめ、それに従って生活を整えていくことが、心地よい暮らしの鍵だと気づきました。人間関係や身につけるものなど、ひとつひとつを「好き」かどうかで見直していけば、より自然で前向きな暮らしが実現できるのではないでしょうか。

フランスの街では、年齢を重ねても生き生きと輝くマダムやムッシューをよく見かけます。皆自分らしいスタイルを持ち、堂々と生活を楽しんでいます。

日本で暮らしていた頃は、今年の流行りや時代遅れのファッションといった情報が季節ごとに駆け巡り、それに振り回されて心もお財布も疲弊していました。今となっては懐かしい思い出です。一方、モードファッションの本場フランスでは、意外にも流行にそれほどとらわれていません。

若者は確かにトレンドに敏感ですが、30代、40代になると、流行を追うよりも自分らしいスタイルを見つけることを大切にする人が多くなります。

街を歩けば、自分のスタイルを上手に引き出した人々をよく見かけます。それぞれの個性とこだわりが感じられ、とても魅力的です。他人のまねをしたようなスタイルはむしろ好まれません。年を重ねながら自分らしさを見つけていくことが、周りに流されず気楽に過ごすための秘訣なのかもしれません。

自分のスタイルに自信を持って颯爽《さっそう》と歩く姿は、見ているこちらまで元気をもらえるほど素敵です。

この個性の尊重は住まい方にも表れています。フランス人の家庭を訪ねると、それぞれの趣味で統一された、センスの良い空間に出会います。必ずしも物が少ないわけではなく、生活感もしっかりとありますが、各家庭独自のセンスで上手に調和が保たれています。新しいものだけでなく、代々受け継がれた家具や調度品も、現代の暮らしに合わせて巧みに活用されています。私たちの家でも、パートナーの祖母から引き継いだ食器を日常的に使っています。

流行に惑わされず、自分の「好き」に耳を傾け、好きなものを少しずつ集めていく。それが心地よい暮らしを作るヒントだと思います。

身内に優しいフランス人

人付き合いも、自分にとって居心地の良い関係かどうかを見極める必要があります。フランスに住んで気づいたのは、フランス人は他人には厳しく、身内には優しいという特徴です。これは日本とは逆の感覚ではないでしょうか。

海外では日本が「礼儀正しく、おもてなし文化が溢れる国」と称賛されることが多いものの、実際には来訪者には親切でも、身内には厳しい国民性があるように思います。観光客として訪れる分には温かく迎え入れられますが、一旦地域社会に入ると、日本のしきたりや地域の生活様式への順応が厳しく求められます。

この「他人に優しく身内に厳しい」文化は、フランスでは逆です。初対面の人に対しては驚くほど冷淡に接してくることもしばしば。「何か失礼なことをしただろうか」「まだ話し始めたばかりなのに気に障ることをしてしまったのか」と最初は戸惑いましたが、何度か会ううちに笑顔が増え、親しくなるほど心を開いてくれることに気づきました。

フランスに来た当初、私は知り合いをたくさん作らなければと焦り、自分にとって居心地の悪いグループに無理に加わってランチに行ったり、一緒に時間を過ごしたり、愛想笑いを続けていました。しかし、突然の父の死や同級生の心ない言葉をきっかけに、無理して居心地の悪い人との付き合いを続けるのはやめようと決意しました。身近にいる大切な人たちが自分のことを理解してくれれば、たとえその数が多くなくても十分だと気づいたのです。

この心境の変化があったからこそ、今もフランスでの暮らしを続けられているのだと思います。良い意味で、フランスやフランス人への過度な期待を手放したのです。キラキラした期待を抱き続けながら、仕事と子育てに突っ走っていたら、もっと立ち直れないくらい大きく心が折れていたかもしれません。

日本にいた頃からどちらかというと「嫌われる勇気」は持っていたほうですが、フランスに来て月日が経つにつれ、その気持ちはさらに強くなりました。もちろん、他人に対する礼儀は大切です。でも、自分をすり減らしてまで周りの顔色をうかがう必要はありません。他人の評価を気にし過ぎる方は、ぜひ考えてみてほしいです。見知らぬ人があなたのことをどう思おうと、あなたの生活には何の影響もないのです。

他人に向けていた関心を、自分や家族、親しい人たちに向けてみましょう。そうすれば、もっと温かな輪があなたを包み込んでくれるはずです。

平凡な暮らしの中で、小さな幸せを見つける大切さ

日本のメディアを通して見るフランスの暮らしは、美しい街並み、美食文化に溢れ、華やかに映るかもしれません。しかし、多くのフランス人にとっての日常生活は決して派手なものばかりではありません。普段の暮らしは意外なほどシンプルで穏やかなのです。私はこの国での生活を通して、日々の平凡な瞬間に幸せを見出せるようになりました。ここで、私たち家族が実際に送るフランスでの暮らしの中で感じる小さな幸せの瞬

間についてご紹介します。

・日々の会話内容はルーティンでいい

フランス生活で大切なことのひとつは、家族揃っての夕食です。我が家では、食卓を囲んで1日の出来事を家族全員で報告し合うのが日課となっています。会話の内容は本当にたわいもないもの。ささいなことでもなんでもいいのです。今日のお昼ごはんは何を食べたとか、保育園で何をしたとか、仕事がはかどったとか——毎日似たような話題が繰り返されます。

最近気づいたのは、会話の内容の濃さよりも、食卓に会話があること自体に価値があるということです。会話に溢れる賑やかな食卓そのものが大切なのです。

いつか子どもが成長してこの家を離れていく時、このたわいない家族との食卓でのやり取りが、温かく、かけがえのない思い出になるのだと想像します。そう考えると、より一層この時間を大切にしたいと感じます。

・食後のほっとするひと時

食後に温かい飲み物と一緒にひと口の甘いものを味わうと、自然と心が落ち着きませんか？

フランスでは、食後のコーヒーやチョコレートを楽しむ習慣が広く浸透しています。多くの家庭ではチョコレートが常備されており、家族や友人とともに、食後のコーヒーや夜のハーブティーと合わせてひと粒のチョコレートを味わうのが一般的です。

フランスのチョコレートは、ショコラティエで買う高級なものから、スーパーで手に入る庶民的なものまでさまざまです。私たちが普段食べるのは、スーパーで売っている1枚2ユーロ程度（約330円）の板チョコです。それを2〜3枚、戸棚にいつもストックしておき、食後に温かい飲み物と一緒にひとかけら楽しむのです。

祖父とホットチョコレートを作るある冬の日

このひとかけらを噛み締めながらほっとする時間は、食事の余韻に浸りつつ、次の時間へと緩やかにつながる橋渡しの役目を果たしてくれます。

・散歩は心と体のデトックス

フランス人はとにかく散歩が大好きです。1日の終わりに、休日に、また旅先でも、よく歩きます。フランスの街並みには古い建物が多く、石畳の道や歴史的な場所が点在しますが、一方で緑豊かな公園や遊歩道もあちこちに整備されています。夕方、仕事帰りに散歩に出かけ、家族や友人とおしゃべりをしながら過ごす時間は、1日の疲れを癒やしてくれます。散歩は体を動かすことで健康的な体づくりに役立つだけでなく、心のリフレッシュにもつながっています。

また、日照時間が比較的少ないフランスでは、天気がいいことだけでも幸せな日常と感じられるのです。太陽が顔を覗かせると、フランス人は「あ、太陽が出てる！　散歩しなきゃ」と言って外に出かけます。

私のパートナーは義両親とほぼ毎日電話で話をしているのですが、よく天気の話題になります。「今日のナントの天気はどう？　いい天気だった？　それはいい日だったわね」といった具合です。天気の良い日を過ごせたこと自体が素晴らしいことだと、彼らの会話を聞いて、フランス人の今ある環境に感謝する習慣に気づかされました。

・マルシェでのお買い物、買い物自体を楽しむ日常

日本の生活では、日々の食事の買い物は仕事帰りや何かのついでに済ませることが多いかもしれません。しかしフランスでは、「食材の買い出しのためだけの時間」を意識

毎日のなんてことのない散歩が楽しい

的に作って出かけます。特に週末は、マルシェで新鮮な食材を買うことがフランス生活の醍醐味と言えるでしょう。

今では大型のスーパーも増えたフランスですが、地元のマルシェは週末になるとたくさんの人で賑わいます。マルシェには生産者が直接売りに来ることもあるので、「これはどうやって料理するの?」と店主に尋ねると、家庭的なレシピを教えてくれたり、味見をさせてくれたりと、心温まるコミュニケーションが自然に生まれます。

このように、自分が口にする食

フランスのマルシェ

材ひとつひとつに関心を向けることは、自分自身を労わることにもつながります。たまには買い物自体の時間を楽しんで、日々の食事に丁寧に向き合うことも自分が健やかに過ごすために必要な過程なのです。

我が家は週末の買い物は家族みんなで楽しみます。この買い物体験が、自然と子どもへの食育にもつながっています。普段自分たちが食べる食材がどのように作られ、どうやって自分たちのもとへ届くのか。自分たちが生きていくための循環が、こうした日々の生活の中で自然と見えてくるフランスでの暮らしは、シンプルでありながら、子どもたちと一緒に多くのことを学べる機会に溢れています。

他人に期待しない上手な生き方

日々の生活の中で感じるストレスにはさまざまな要因がありますが、特に対人関係によるストレスは誰もが経験したことがあるのではないでしょうか。これは家族間でも同様です。

例えば、家事をしている時、自分だけが一生懸命動いているのにパートナーがソファでくつろいでいると、嫌な気分になる人は多いと思います。「こっちは忙しく動いているのだから、少しは手伝ってくれてもいいのに」「負担を分かち合ってくれてもいいじゃない」と思ってしまいませんか。

私もそういった状況でイライラすることがよくあります。でも不思議なことに、同じ作業をしていても1人でいる時はそうは思わないものですよね。同じ空間に何もしていない誰かがいることがストレスに感じるのです。これは無意識のうちに他人へ期待をしてしまうから。そしてその期待が実らない時に、私たちはストレスを感じるのです。

フランスに来て気づいたのは、フランス人は他人への無意識の期待が比較的少ないということです。フランスは個人主義の国でもあるので、自分のタスクを他の人も手が空いているなら一緒にやるべき、という考えにはあまりなりません。もちろん誰かが手伝ってくれたらそれはうれしいけれど、手伝ってくれなかったからといってマイナスな気持ちにならない人が多いように感じます。

この違いに初めて気づいたのは、フランスの大学院に通っていた時でした。授業の一環でグループ課題が出た時のことです。グループ内で分担を決めて作業をするのですが、担当する内容には多少の難易度や作業量の違いが出ます。そんな時、他人の作業量と比較して不満を言う人があまりいないことに気づいたのです。

また、集団の中で必要な作業が発生した時、率先してやる人がいますよね。日本だと「みんなでやるべき」という雰囲気になることもあります。面白いのは、フランスでは誰かが善意で作業をする時に、それを見てもやらない人はやらないし、作業をする人はやらない人に強要せず、陰口も言わないのです。手伝いたい人が手伝えばいい、という考え方なのです。

自分がやりたいことだからやるし、やりたくないことはしない、という考えが根底にあるように思います。だから、自分のやることに関して他人に余計な期待をしないのです。

他人に期待をしないフランス人ですが、自分の作業を誰かに手伝ってほしい時は、シンプルに声に出してお願いをします。「ねえ、これお願いできるかな？」と丁寧に聞くだけです。

パートナーに言われて驚いたのは、丁寧にお願いしてくれれば喜んでなんでもすると言われたことです。

子どもが食事中に飲み水がもっと欲しい時「Papa《パパ》, de《ドゥ》 l'eau《ロ》 s'il《シル》 te《トゥ》 plaît《プレ》?（パパ、お水をお願いします）」と頼むのですが、この丁寧なお願い「s'il《シル》 te《トゥ》 plaît《プレ》」さえあれば十分で、「なんで僕が手伝わなきゃいけないの？」とは思わないそうです。

家族内での役割分担についても、「それは母親がやるべき仕事でしょ」とは考えないようで、手が空いていれば手伝うのは当然だと言います。もちろん手が離せない時は「今はできない」と言いますが、自分が動ける状態でお願いされたら手伝わない理由がない、というのです。

そのため、何かをお願いされた時は余計な感情を乗せることなく、できることはできる、できないことはできない、と返答するだけなのです。

国が違えば文化も違う、合うところに行けば良い

私自身、日本で物事を進めるために必要とされる水面下での交渉ごとや根回しなどが得意ではなく、割と正面からぶつかっていくタイプだったため、仕事の中でうまくいかないことも多くて「なんだか生きづらいな、苦しいな」と思うことも経験しました。

でも、フランスに来てよくわかったのは「なんだかうまくいかないし、苦しいなと感じていたのは自分の立ち回りが悪かったわけではなく、その場所が合わないだけ。違う環境だったらすごく生きやすいんだ」ということです。

自分の性格や考え方に合う環境というのは、どこかに必ず見つかるんじゃないかと思います。完全一致とまでいかなくとも、自分が無理をしないで、心地よく過ごしていけ

る環境というのは世界のどこかに存在しているはずです。

生まれ育った県によって人の性格が違うという「県民性」という言葉がありますが、そこの環境に合わなくても違う場所で暮らしてみたら「あれ、すごく生きやすいぞ」ということもあると思うのです。

私の場合は日本で生きづらいなと思っていた部分が、フランスに来てみて「あれ、私が日本で苦しかったことがフランスでは平気だぞ」と発見できて、楽になれたことがありました。日本ほど裏を読まずに思ったことをそのまま言葉にできるという点は、ずいぶん気持ちが楽です。

日本では、自分の気持ちよりも周りを優先させることが良しとされる場面も多いです。しかし、自分の気持ちに正直に生きても暮らしやすい環境は探せばどこかにあって、そういったところに身を置くこともひとつの選択だと思うのです。自分が変化するにしても、周りに合わせて我慢して変化するのではなく、自分が思い描く理想の姿に自分の意思で変化することのほうが大切なのです。

気持ちを上手に切り替えて
ポジティブに生きるフランス人

フランスに住んでみて、フランス人は気持ちの切り替えがとてもうまいと感じています。日本と比べると、カスタマーサービスの質が悪かったり、公共交通機関が時間通りに機能せず予定通りにいかなかったりなど、不便なことばかりです。しかし、うまくいかなかった過去のことを考えても何も進まないと、気持ちを切り替えて前向きに考えていこうというマインドで過ごしている人がフランスには多いと思います。

フランス語で「On《オン》 va《ヴァ》 se《ス》 changer《シャンジェ》 les《レ》 idées《ジデ》」という、言葉があります。実際にパートナーもよく使うのですが、嫌な雰囲気になった時に、もう話し合いはここで終わり、気分変えて次のことを進めようという感じで、気持ちを切り替える時に言います。

また、良かったことを声に出すことも、とても大事です。子どもたちが寝たあとに、よくパートナーと「僕たちはこんなに素晴らしい子たちを持って、本当に恵まれているよね」と話します。もちろん、子育ては大変な時もあります。癇癪《かんしゃく》を起こすこともあれば、2人同時に泣き出すことなど挙げればキリがありません。しかし、それ以上に私とパートナーが子どもたちから受け取った幸せなこともたくさんあります。それを口に出して誰かと話すことで、大変なこともいい思い出で上書きされていくと思うのです。

パートナーが「僕たちは本当に恵まれているね」と話す度に、ポジティブなことを声に出すことの大切さを感じています。

私自身は自分の人生を振り返ってみると、運が良かったと思うのですが、同じような人生経験をしても、なんてついてない人生なんだと感じる人もいると思います。要は自分の捉え方次第で運が良いか悪いかは変わるものだと思うのです。

例えば、1日の中で半分は良いことが起きて、半分はそうじゃないことが起きた時。悪いこともあったけど、結果的に今日はこんないいことがあったなと思えば、その日はその人にとって運が良かった日になります。

ちょっとしたことでも、日々の良かったことを声に出したり、書き留めてみたりという作業をするだけで幸福感は積み重なっていきます。

「今日も気持ちよく朝が起きられて良かったな」「今日もゆっくりお風呂につかれて良い1日の締めくくりができたな」など、日々過ごしてく中で自分を幸せにする小さな出来事は、割とたくさんあると思うんです。

小さな幸せを感じてきちんと認識することが、結果的に自分は運が良かったなという前向きな考えにつながると思っています。


気持ちをポジティブに持っていくことと合わせて、より良い未来のために日々努力することも大事だと思っています。

「自分は恵まれてないのに、あの人は運が良くていいよね」と周りの人にばかり目が向いてしまう時がありませんか？　明るい未来を送るためには、他人を羨むのではなく、まず自分は今の状況で何ができるのかと考え、行動を起こすことは必要です。実際に目標に向かって忙しくしていたら、他人を羨ましがる時間なんてすぐになくなっちゃいます。

未来に向けて準備や努力をしつつ、今ある環境や日々の小さな出来事に感謝をし、ポジティブに考えていくと、自分の人生を振り返った時に、「自分は恵まれている、運がいいいな」と感じられるようになると思います。

皆さんは、日々の小さな出来事にちゃんと感謝ができていますでしょうか？　自分にとって良かったなと思えることをぜひ1日の終わりに思い出してみてください。そうすると、どんどん前向きになって明るい気持ちになりますよ。

PART 6

フランス生活が教えてくれた自由に生きる勇気

Le courage de vivre légèrement que j'ai appris en France

「今」を大切に生きるフランス人

フランス人との日々の生活を通じて実感するのは「今」を大切に生きている人が多いということです。もちろん、将来に向けて準備することは大事だけれども、我慢をし過ぎて、苦しい気持ちで毎日を過ごしていたらそんなもったいないことはありません。将来への準備、そして今を楽しんで生きること、そのバランスを上手に生きている人がフランスには多いのです。

パートナーがある時言いました。「ブルターニュ地方（大西洋に面したフランスの北西にある地域）に住む親戚が、数年の船の旅に出るので港までお見送りに行こう」と。その家族は当時幼稚園から小学校に通う3人の子どもがいたのですが、旅の間は船でホームスクール、そして仕事や家は手放して航海の旅に出るというのです。

実際に見送りをしに行って驚いたのは、奥さんはさらに4人目を妊娠中だったということです！　なんというたくましさでしょう。

「航海の途中、マルティニーク（大西洋に浮かぶフランス領の島）に寄ってそこで出産して、その後も旅を続けるわ」と話す奥さん。そして「予算が尽きるまで、2年くらいは船の旅を続ける」とブルターニュの海を颯爽《さっそう》と出発していった姿は、一度就職したら家族のため、将来の老後のために定年まで慎ましく働き続けなければいけないという風潮の中で育った私にはとても衝撃的でした。

実は、自身のワクワクを追い求めてこのような旅に出るフランス人は私の周りには何人もいて、小さい頃に家族と世界を巡るヨットの旅に出ていたと話す友人、リストラを機に「時間ができた！」と喜んで中古のキャンピングカーを購入して世界旅行に出た人もいました。

ユーラシア大陸を横断して自転車でフランスから日本まで行ってきたという女性や、本格的な手漕ぎボートでアメリカからフランスまで大西洋を渡った友人もいます。

人生はいつだって自由、数年の船旅に出る親戚家族のお見送り

これらは全て、私がフランスに来て8年の間に実際に出会った人たちの話です。

このような旅を数年して仕事のブランク期間を作ってしまうと、いざ仕事を再開したい時に再就職先を見つけるのは難しいのではないか、との危惧《きぐ》もありますが、フランスでは年齢を理由に不採用になることはあまりありません。ですので、40代、50代でも積極的に転職する人が日本より多いです。

また起業のしやすさの基準となる開業率は、日本が4・4%なのに対してフランスは11・3%と、3倍近い数字です。やりたいことには一度飛び込んで、失敗したとしてもやり直しがしやすい土壌があるのだと思います。

フランスには、人生はもっと自由でいいんだ、自分の好きなように楽しく生きていいんだ、と思える世界が広がっています。一度きりの人生、もっと気軽に挑戦をしてもいいのではないかと背中を押してくれる雰囲気がフランスにはあります（私も気づいたらYouTuberになっていました）。

今を一生懸命楽しく生きて、5年先、10年先のことはその時にまた全力で考える、そうして過ごしていくと明るい未来につながっていくのだと思います。

自分の気持ちに耳を傾ける

私がフランス生活で学んだのは、何をしている時が一番幸せを感じるか、という自分の気持ちに耳を傾けることです。自分の幸せは自分でかなえるものなので、自分が幸せに感じることは何か、しっかり意識する必要があります。

先ほど挙げた私が出会ったフランス人以外にも、フランスにはいろんな生き方が溢れています。人生の幸せは、決して周りと同じでなくていい、人の数だけ幸せの形があるとフランスに住んでいると感じます。

自分の幸せの基準は自分で決める。その自信をつけることが幸せへの近道なのではないでしょうか。

私はフランスには1人で来ましたが、中には恋人を追いかけてフランスに来る方もいらっしゃいます。私は時々国際カップルの恋愛相談を受けることがあるのですが、誰かとの将来を願って海外に移住する場合、最終的には自分で決断したことだと胸に誓って移住したほうがいい、とアドバイスします。

誰かを追いかけて海外移住し、初めのうちはうまくいっていても、現実は厳しく、うまくいかなくなることも多いものです。そんな時に「あなたのために私ははるばる海外まで来たのに」と思ってしまうかもしれません。でもこれは、相手のみならず自分のためにもなりません。大きな決断をする時は、自分を軸に、自分の決断として考えなければいけないのです。

自分の将来のためと思えば、きっかけは誰かを追いかけての海外移住で、結果お別れすることになったとしても、それまでの海外滞在経験は貴重なものになるはずです。

この経験を次に活かそうと思うのか、結局うまくいかなくて無駄だったと思うのかは自分次第。他人を軸に考えるのではなく、もっと自分軸で考えると、人生を前向きに生きられると思いませんか。

まず、一番に「自分はどんな時に幸せを感じるのか」を考えることが大切です。その自分の素直な気持ちを軸に日々を過ごしていけば、未来は少しずつつながっていくはずです。

人生は完璧じゃなくていい

フランスで生活をしていると、人の数だけ人生のストーリーがあり「自分ももっと自由に生きていいのだ」と心が解放されるような気持ちになります。誰かが敷いたレールの上を走る必要はなく、自分で行き先を決めて自由に進んでいいのだと、背中を押されているような気持ちになれるのです。

私が日本で学んだ人生の幸せとは、偏差値の高い学校へ行き、良い会社に入り、たくさんのお金を稼ぐことでした。その道から外れると「負け組」のレッテルを貼られ、かといって「勝ち組」に入れば幸せかというと、膨大なプレッシャーに耐え、過酷な仕事に追われて疲弊している人が多いのが現実です。「なんとか道を踏み外すまい」と必死にしがみつくうちに、本当の幸せを見失ってはいないでしょうか。

私もかつては、日本の企業で一生懸命働き、満員電車に揺られ、忙しさに追われる日々が自分の進むべき道だと信じていました。でも体と心は正直で、そんな生活に疲れ切っている自分にも気づいていたのです。

日本へ一時帰国する度に驚くことがあります。それは通勤電車で寝ている人の多さです。夕方の帰宅ラッシュ時に実際に数えてみると、目の前の座席10人のうち8人が寝ていたのです。日本では当たり前の光景ですが、フランスに移住して初めて、これが日本特有の現象だと気づきました。

フランスでは、仕事帰りでも元気で溌剌としている人が多いのです。通勤中に寝ている人はほとんどいません。これにはふたつの理由があります。ひとつは仕事で疲れ果てるほど働かないこと、もうひとつは治安が日本ほど良くないため、公共の場で気軽に眠れないということです。

私自身も日本で一級建築士として働いていたので、日本人の仕事への情熱と真摯な姿勢は誇るべきものだと理解しています。しかし、時に頑張り過ぎて自分をないがしろにしたり、心身を壊すまで働き続けたりする人がいるのも事実です。

フランスには「過労死」という言葉がありません。自分の気持ちを押し殺してまでつらい仕事を続ける必要はない、そう考える人が多いのです。

仕事はあくまで生活費を稼ぐための「手段」であり、人生における優先順位の一番ではありません。仕事のせいで私生活が楽しめないのは本末転倒で、そんな仕事はきっぱり辞めて次を探す——これこそがフランス人の人生観です。仕事は生活に必要ですが、自分を犠牲にしてまでやるべきではなく、仕事に理想を追求し過ぎないのです。

その結果、日本と比べるとあらゆるサービスの質は劣りますが、それでもフランス社会はまわっています。日本ほど「完璧」ではないかもしれませんが、それでも物事は進んでいくのです。案外、完璧を求めなくても世の中はまわっているのだと考えれば、もっと肩の力を抜いて日々を過ごしてもいいのではないでしょうか。

ガターパンクに学ぶ人生の選択と自由の形

人生は「勝ち組」か「負け組」か、そんな二択で考える必要はありません。他人が決めたカテゴリーに自分を当てはめる必要はないのです。

私の20代は、どこか生き急いでいたように思います。何か偉大な存在にならなければいけない、という無言のプレッシャーがあったのでしょう。平日はひたすらハードな仕事を続け、土日は建築士の資格試験勉強に励み、休暇中は全国各地の建築見学に出かけました。

建築を生業とする者として、他の人と同じようにコンペに応募し、いつか賞を取ってその業界で名を馳せることこそが人生の喜びだと信じていました。もちろん全員が偉大な建築家になれるわけではなく、それをかなえられなかった人には「成功しなかった人」という惨めなレッテルが貼られてしまいます。

でも、フランスでの生活を通して、自分の人生は自分が満足していればそれでいいのだと思えるようになりました。他人の人生と比較する必要はありません。いつでも自分のやりたいことに挑戦できますし、年齢で可能性を制限する必要もないのです。

日本では40歳を過ぎての転職が難しいとされますが、フランスでは40代、50代の転職は当たり前です。何歳になってもバイタリティに溢れ、やりたいことがあれば果敢に挑戦する人がとても多いのです。それは自分自身への挑戦であり、自分で幸せを掴み取るためのアクションなのです。

ストレスフルな仕事に見切りをつけて世界旅行に出たり、過去の栄光にこだわらず新たなキャリアに挑戦したり、何歳になっても生き生きと暮らすフランス人をよく見かけます。

人生は人の数だけあり、もっと自由で軽やかでいいのです。フランスには周りの価値観に縛られず自由に生きている人たちがいて、「私はなんて狭い価値観で人生の選択肢を自分で制限していたのだろう」と気づかされました。

ここで少し、私が驚いたフランスらしい自由な生き方をしている人たちを紹介しましょう。

フランスには、ガターパンクと呼ばれる人たちがいます。1980年代に生まれた、犬を連れて放浪するアウトサイダーの一種です。その80%は定まった住居を持たず、路上や不法占拠地、または一時的な宿泊施設で暮らしています。興味深いのは、その状況が必然的なものではなく、自ら選んでその道を歩む人も多いということです。

彼らの多くは物乞いで生計を立てているため、その存在に否定的な意見もありますが、「これは彼らの人生の選択の自由だ」と肯定的にとらえる人もいるのです。

正解はひとつではありません。自分とは異なる価値観が存在することを受け入れるフランス社会の寛容さに、日々触れて暮らしています。人それぞれの人生があり、自分の人生の主役は自分なのです。もっと自由に、軽やかに過ごしていきましょう。

大きな夢と小さな夢を両方持つことの大切さ

皆さんは人生において何か夢はありますか。

私はいくつになっても夢を持ち続けることが大事だと思っています。その夢に向かって進んでいく過程が人生を潤してくれるからです。そして、夢をひとつ達成したら、また新たな夢を作って、そこに進んでいくという繰り返しが人生そのものなのかなと思っています。

私の場合、20代の時の夢は「一度は海外に住む」ということでした。海外に住むにはやはり英語はできないよりできたほうがいいと思い、建築の仕事をしながら英語学習はずっと続けていました。そして、将来いろいろな選択肢が持てるように、一級建築士を取っておくことも目標にしていましたし、何をするにもバイタリティを保つには「体力」があってこそなので、運動も定期的にしようと考えました。

その当時の大きな夢が「一度は海外に住む」というもので、そんな大きな目標を持ちつつ、そこに行くための小さな夢や目標を積み上げていったのです。

例えば、イタリアの片田舎の自然豊かなところで民宿を営みたいという夢があったとします。今は日本に住んでいて、イタリアに縁もゆかりもないという状況だとしても「大好きなイタリアでいつか民宿をやりたい」という大きな夢を持つのは良いと思うんです。大事なのは、それを達成するためにどういうステップを踏んでいくか、そして、その小さな目標を書きだして、スモールステップをひとつひとつクリアしていくことで大きな夢に近づいていく、ということです。

この場合、イタリア語を勉強して、ビザの取得に向けて動き出し、資金計画も立てなければいけません。その大きな夢は一見届きそうにない夢だとしても、小さな目標に落とし込んでいくと「この目標だったら1年で達成できそうだな」と具体的に、手の届きそうな目標に変わってくるはずです。

その小さな目標が組み合わさってやっと大きな夢に届くステップになっていくのです。それが5年後なのか10年後なのか、はたまた20年後かわからないけれど、実はそんなにかなわない夢ではない、ということなのです。

私の今の夢は、フランスと日本の二拠点生活をすることです。

そうすると、さまざま課題をクリアしなければなりません。日本にも家が必要だし、フランスにももちろん必要です。いろいろなことを具体的に考えると、子どもが小さいうちは難しいので、まだあと15年は先になるかもしれません。

こうして「夢を誰かに話す」というのは、私にはとても意味がありました。誰かに言ったことは実現しなきゃという気持ちになったし、自分が発する言葉が自分の行動に反映されて夢に近づいていくということもあるからです。

ここで、私が実践してきた、夢をかなえる方法をご紹介します。それはとってもシンプルで、自分の夢を紙に書き出すだけです。今年の目標、やり遂げたいことを紙に書き出して、いつでも目につくところに置いておくのです。私は、長らく手帳を使っていたので、手帳の表紙に貼り付けて、毎回手帳を開く度に自分の夢が認識できるようにしておいたのです。

自分の目標を常に目につくところに置いておくと、自然と自分の意識が少しずつ変わっていきます。それが夢に近づくための日々の行動、習慣につながっていくのです。

この方法のおかげか、私は今までに願った夢は今のところ全部かなっています。そしてこれから実現したい夢も、今の自分次第で実現できると信じています。

小さな一歩が未来を変える

私は小さな一歩も大きな一歩もいろいろ踏み出した結果、今この環境にたどり着いたわけですが、何か始める時には、必ず一歩を踏み出さなくてはなりません。

今、私の生活の主な収入源はYouTubeの広告収入と企業案件、そしてポッドキャストでのサブスクライブです。YouTubeを始めた時はちょっとした軽い気持ちというか「とりあえずやってみよう」という、小さな小さな一歩だった気がします。

2019年の秋、まだコロナ禍前でしたが、徐々にYouTubeを始める人は増えているという中で、私もYouTubeには興味を持っていました。しかし、大学院生活を送っていたのもあり、忙しくて始める時間もなく、「やってみたいな」とぼんやり頭に思い浮かべていた状態でした。

そんな中でちょうど子どもを出産するため大学院を休学することになりました。子ど

YouTubeを始めた頃。その時その時を楽しむのが何より大事

もがあまり手がかからない子だったこともあり、少し時間ができたのです。それで「この機会にYouTube始めちゃおう！」と本当にささいな気持ちで始めたのが最初でした。

「とりあえず始めてみて、やりながら徐々に軌道修正していけばいいや」と、そのくらいの軽い気持ちで最初の動画をポンと上げました。その時は「いつかどうにか形になればいいな」と思ったことを覚えていますが、5年後の2024年に、こんなふうにメインの仕事になっているとは思ってもいませんでした。

ポッドキャストを始め、こうして本を執筆することも、YouTubeを続けたからこそ実ったことであって、あの時の「とりあえず始めてみよう」がなかったら、今の活動につながっていなかったのです。

本当にあの時踏み出した小さな一歩が、ここまで未来を変えたんだなと思うと、心の底から「あの時踏み出して良かったな」と思います。

そして、同じように踏み出して良かった、と思っていることがフランスに来たことです。

私がフランスに来たのが２０１６年。

あの時は、誰も知り合いのいない異国に1人で行き挑戦することにワクワクするのと同時に不安な気持ちもいっぱいで、自分の中ではYouTubeを始めるよりももっと大きな一歩でした。

日本でそのまま仕事を続ければある程度キャリアも形成していけるし、日本で自分の建築設計事務所を開いて独立するという選択肢ももちろんあった中で、今まで住み慣れた環境からまったく違うところに行くというのは、言わばゼロからのスタートになる。環境が全然違うところでの生活をスタートさせることに大きな不安もありました。

ただ、私の性格上、割と楽観主義的な考えがあり、「まぁ、なんだかんだどうにかなるだろう」と思ったんです。「実際に現地で生活を始めてみないと、うまくいくかどうかもわからないでしょう」という気持ちでした。

そして、結局どうにかなったのです！　もしもうまくいかなかったとしても、結果的に得るものはあったと思います。もちろん、最初の大学院生活の1〜2年目は本当に苦しくて、身内の不幸も重なり、泣きながら過ごした日々もありました。

でも、結果、今、私はまだフランスにいます。かけがえのない家族ができて、フランスでの生活を送っています。

自分がやりたかったことがうまくいくかどうかというのは、やっぱり始めてみないとわからない。だからまず「何かこれをやってみたいかも」と思った時が始めるタイミングだと思うのです。

まずは小さな一歩でいいから踏み出してみてください。

実際、踏み出した一歩の先がうまくいかなかったとしても、失敗に気づいたら後戻りして、軌道修正すればいいのですから。自分の人生はいつだって自分が主役です。明るい未来を過ごすかどうかは、今の自分次第なのです。

Épilogue

おわりに

私の好きな本の一冊に、フランス文学の『星の王子さま』があります。その中でキツネが教えてくれる「大切なことは目に見えないんだよ」という言葉。この言葉の本当の意味を、フランスに来てからようやく理解できたように思います。人生の幸せとは、数字で測れるものではなく、それぞれの中で形作られるもの。そしてそれは、誰かと比較して優劣をつけられるものでもありません。静かに、自分自身で噛み締めることで初めて真の幸せとなるのだと信じています。

日本でがむしゃらに働いていた頃、ふと「このままだと人生の大切なものを見失ってしまうかもしれない」と思い、日本を飛び出してから早8年。かつて探していたものを見つけた、というよりも、もともと近くにあった幸せに気づくことができた、そんな気がしています。

さて、2025年私たち家族は新たな一歩を踏み出そうとしています。実は、今年の春、パートナーと結婚することになりました。PACSという形を続けてきた私たちにとって、「結婚」という制度そのものに特別なこだわりはありませんでした。しかし、私たちの将来に向けての準備として避けては通れない道だったのです。

実は、私たち（というより私自身ですが）は、いずれ家族で日本にしばらく住みたいと考えています。この思いは、何度も彼と話し合いを重ね、近い将来実現することになりそうです！　子どもや彼に、私の故郷である日本のことをもっと知り、体験してほしい。そして、これからも家族としてお互いをより深く理解し合うためにも、必要なステップだと考えています。

日本移住における最大の課題は、パートナーのビザ問題です。この本の中でも触れましたが、外国で暮らすにはビザが欠かせません。現在、私は「フランス国籍の子どもを持つ親のためのビザ」でフランスに滞在していますが、同様のビザが日本にも存在します。ただし、日本の場合、フランスほど簡単ではないのです。

日本で日本国籍を持つ子どもを養育する目的でビザを取得するには、親権を持っていることが条件のひとつです。日本は単独親権制度を採用しているため、私が日本で親権を放棄し、さらにパートナーに十分な収入があることを証明しなければ、「日本国籍を持つ子どもを養育するための外国人親のビザ」を取得することは困難です。

これは現実的ではありませんし、そもそも日本では婚姻関係がなければ、さまざまな行政手続きに支障が出ます。フランスではPACSによって家族として認められ、税金の控除や共同口座の開設などが問題なく行えますが、日本では結婚していないカップルにとって不便なことが多いのです。そのため、いずれ日本で生活する準備として、このタイミングで結婚し、婚姻ビザ取得のために動き出すことを決めたのです。

フランスで2人の子どもに恵まれ、家族というチームを築いた私たち。しかし、冒険はまだ終わりません。さらなる自分たちの幸せを求めて、日本で暮らすという新たな冒険に挑むのです。

それは決して簡単な道ではないかもしれません。彼はまだ日本語を話せませんし、子どもたちがまったく異なる環境にスムーズに適応できるかも未知数です。さらに、私は大黒柱として働きながら、彼の日本での生活を支える役割も担う必要があります。正直なところ、現状のままフランスで生活を続けるほうが楽だと思うこともあります。

しかし、私の直感が告げています。「今は良くても、このままではいけない」と。私たちの将来の幸せを考えると、避けては通れない道だと感じています。どうなるかはわかりません。それでも、前に進むのみです。私の根底にあるのは、「自分の幸せは自分で見つける」という純粋な思いだけです。

新しい冒険が始まれば、きっと新たな発見があり、自分自身もさらに成長することでしょう。

世の中にはさまざまな価値観や生き方があり、今いる環境だけでは知り得ないことがたくさんあります。一方で、日々の暮らしの中で、悩んだり、立ち止まったりしてしまうこともあるでしょう。そんな時、この本が、「こんな考え方もあるのか」「少し肩の力を抜いてみよう」と思うきっかけになれば幸いです。

皆さんの人生が、前向きで心豊かなものとなりますように。心から願っています。

２０２５年１月
大畑典子

大畑典子 （おおはたのりこ）

1987年、埼玉県生まれ。フランス・ナントから日々の暮らし、家族の在り方について発信しているVoicyパーソナリティー、YouTuber、一級建築士。29歳で単身フランス留学、ナント建築大学大学院卒業。フランス人パートナーとPACS中、2児の母。

YouTube　@Nolie France
X　@noriko_ohata
Voicy　https://voicy.jp/channel/2661

私が決める、私の幸せ
フランスで見つけた、小さくて平凡で温かな暮らし

2025年3月10日 初版発行

著者　大畑典子
発行者　髙橋明男
発行所　株式会社ワニブックス
〒150-8482
東京都渋谷区恵比寿4-4-9
えびす大黒ビル
ワニブックスHP
https://www.wani.co.jp/

（お問い合わせはメールで受け付けております。HPより「お問い合わせ」へお進みください）
※内容によりましてはお答えできない場合がございます。

※本書は小社WEBマガジン『WANI BOOKOUT』で2023年8月～2025年2月に連載した『フランスで学ぶ365日の小さな幸せ』をもとに、大幅に加筆・修正したものです。

アートディレクション　細山田光宣
装丁本文デザイン　奥山志乃（細山田デザイン事務所）
構成　粟野亜美
校正　東京出版サービスセンター
編集　小島一平、金城琉南（ワニブックス）

印刷所　TOPPANクロレ株式会社
DTP　有限会社 Sun Creative
製本所　ナショナル製本

ワニブックスHP　http://www.wani.co.jp/
WANI BOOKOUT
http://www.wanibookout.com/
WANI BOOKS NewsCrunch
https://wanibooks-newscrunch.com/

ISBN 978-4-8470-7538-4